JUÍZO E IMAGINAÇÃO
Da Indeterminação Jurídica
à Inovação Institucional

Caio Farah Rodriguez

JUÍZO E IMAGINAÇÃO
Da Indeterminação Jurídica à Inovação Institucional

JUÍZO E IMAGINAÇÃO
Da Indeterminação Jurídica à Inovação Institucional
© Caio Farah Rodriguez

Direitos reservados desta edição por
MALHEIROS EDITORES LTDA.
Rua Paes de Araújo, 29, conjunto 171
CEP 04531-940 – São Paulo – SP
Tel.: (11) 3078-7205 – Fax: (11) 3168-5495
URL: www.malheiroseditores.com.br
e-mail: malheiroseditores@terra.com.br

Composição: PC Editorial Ltda.
Capa
Criação: Vânia Lúcia Amato
Arte: PC Editorial Ltda.

Impresso no Brasil
Printed in Brazil
01.2016

Ficha catalográfica elaborada pela Biblioteca Mario Henrique Simonsen/FGV

Rodriguez, Caio Farah
    Juízo e imaginação: da indeterminação jurídica à inovação institucional / Caio Farah Rodriguez. – São Paulo : Malheiros, 2016.
    168 p. : il.

    Originalmente apresentado como tese do autor (doutorado – Universidade de São Paulo, 2011, com o título: Sentido, valor e aspecto institucional da indeterminação jurídica).

    Inclui bibliografia.
    ISBN: 978-85-392-0314-7

    1. Hermenêutica (Direito). 2. Separação de poderes. 3. Direito – Filosofia. I. Título.

CDD – 340.326

Uncertainty is a luxury.
(Richard Rorty)

A PATRICIA, minha mulher, GUI e GABRIEL, meus filhos;
A BEATRIZ, minha mãe, e PAULO, meu pai;
A BERNARD, GUILHERME NEGÃO, JAIMINHO e RAPHAEL,
MARCIONEZ, JANE e CESAR, MARY HELEN e FABIOLINO,
meus irmãos de eleição:

– O que dizer de sua amizade e amor,
se o simples fato de que optam por me dirigir a palavra é,
a cada vez renovadamente, uma prova de que existo no mundo
e de que, nele, posso ter coragem para arriscar?

PREFÁCIO

MUDAR DE CAMINHO
NO PENSAMENTO JURÍDICO BRASILEIRO

ROBERTO MANGABEIRA UNGER

Juízo e Imaginação: da Indeterminação Jurídica à Inovação Institucional, de CAIO RODRIGUEZ, é um chamamento. Propõe outro futuro para o pensamento jurídico brasileiro. O primeiro pressuposto desta alternativa é romper com o colonialismo mental que continua a prevalecer em nossa cultura acadêmica e profissional.

O que conta no mundo como progresso na maneira de pensar e de construir o direito é a apresentação do direito como sistema organizado por princípios e por objetivos de política pública. De acordo com este ponto de vista, convém interpretar o direito de maneira a reivindicar os princípios e as políticas públicas consagrados na parte do direito em causa. Tudo o que não couber em tal sistematização cumulativa deve ser, aos poucos, descartado no curso do trabalho interpretativo. A melhor maneira de entender e elaborar o direito é idealizá-lo.

É método que se destina a assegurar atuação prestigiosa para a elite jurídica: os juízes e professores e os que, como advogados privados ou públicos, participam de aspirações e pretensões mais altas. Daí o foco na adjudicação como instância privilegiada da construção do direito. E daí o interesse despertado pelo elemento de indeterminação no conteúdo das normas.

Se não houvesse margem para divergir na interpretação, o projeto da idealização sistematizadora nem poderia começar. Se a interpretação não se guiasse por princípios ou políticas públicas, descambaria para franca politização da atividade interpretativa. O defensor deste ponto de vista conduz guerra em duas frentes: contra o "formalismo" da dogmática tradicional e contra a redução da atividade interpretativa à luta entre interesses e entre ideologias na política.

A prática que resulta deste ideário empodera juízes e juristas para praticar ativismo cuja agressividade não oculta sua estreiteza de horizontes. Serve para ampliar direitos e até para redistribuir recursos sob pretexto de interpretar as leis. Não presta, porém, para repensar e reconstruir instituições, a começar por aquelas que definem a organização do mercado e da democracia. Exprime e perpetua no direito a última grande refundação institucional e ideológica pactuada nas sociedades ricas do Atlântico norte: a que ocorreu em meados do século 20 sob a égide da socialdemocracia na Europa e do *New Deal* nos Estados Unidos.

É este o modelo que, sobretudo a partir das academias dos Estados Unidos e da Alemanha, se difunde em todo o mundo como a onda do futuro no pensamento jurídico. Apresenta-se como sucessor natural e necessário de dogmática fossilizada, desdenhada como carente de ideias e de inspiração. No Brasil tem sido abraçado, sob rótulos variados, por grande parte da elite acadêmica e judicial.

O significado desta obra de CAIO RODRIGUEZ é duplo. Em primeiro lugar, apresenta razões para rejeitar este futuro no pensamento jurídico. Em segundo lugar, propõe, explica e defende outro caminho para o direito.

A abordagem do direito a que a maior parte de nossos juristas aderiu lança sobre o direito um véu de mistificação. Subestima radicalmente o que há de contraditório no direito posto: o que se encontra de fato em cada área e até em cada fragmento do direito é menos sistema em construção do que conflito persistente entre soluções dominantes e divergentes. Promove usurpação de poder: o ativismo interpretativo permite à elite jurídica confiscar parte do poder legiferante das forças e dos movimentos políticos e sociais. Atrela a obra da doutrina àquilo que se pode empreender por meio de procedimentos judiciais. Sobretudo, substitui a inovação institucional pela idealização sistematizadora.

Tal substituição é sempre danosa. Não se podem resolver os problemas das sociedades contemporâneas sem inovar nas instituições econômicas, políticas e sociais. Os materiais mais importantes para a inovação institucional estão no direito: suas pequenas contradições representam pontos de partida para alternativas fecundas.

Exemplo destes problemas é o confinamento do vanguardismo produtivo de hoje – a produção densa em conhecimento e dedicada a inovação permanente – a setores relativamente isolados, dos quais a grande maioria da força de trabalho continua excluída, mesmo nas economias mais avançadas. A disseminação deste vanguardismo pode exigir novas formas de colaboração entre empresas privadas, bem como entre agentes privados e públicos. Pode também requerer, na educação, em países grandes, desiguais e federativos como o nosso, reconstrução do federalismo para reconciliar a gestão das escolas por Municípios e Estados com padrões nacionais de investimento e de qualidade.

O direito – inclusive o direito privado – contém ferramentas para a transformação. Ficarão sem uso se o desejo de vestir o direito na roupagem dos princípios e das políticas públicas e o fascínio com o poderio dos juízes levar o pensamento jurídico de roldão.

A tarefa definida na obra de CAIO RODRIGUEZ seria importante em qualquer país. No Brasil é premente. Nossa tragédia histórica tem sido negar à maioria de nossos concidadãos condições para vida maior. A democratização da demanda, o capitalismo de Estado e a dependência de recursos naturais, pouco transformados pela inteligência, não bastam para construir o país. Democracia que continua a fazer da crise o requisito da transformação e que perpetua o poder dos mortos sobre os vivos não fornece base política para engrandecer os brasileiros. Cultura acadêmica vidrada no colonialismo mental desautoriza ousadia e imaginação.

O livro de CAIO RODRIGUEZ nos convida a rejeitar no direito o caminho que tal colonialismo legitima. Exemplifica prática do pensamento jurídico que se recusa a travestir o direito. Coloca a inovação institucional no lugar da idealização das leis. Troca o cômodo pelo revelador e o piedoso pelo profético.

AGRADECIMENTOS

Pelo papel significativo que tiveram no processo de elaboração deste trabalho ou na discussão de seu conteúdo, agradeço:

a meu Orientador, SEBASTIÃO BOTTO DE BARROS TOJAL;

aos Professores JOSÉ EDUARDO CAMPOS DE OLIVEIRA FARIA, CELSO FERNANDES CAMPILONGO, JEANNETTE ANTONIOS MAMAN, RONALDO PORTO MACEDO JR., LUÍS VIRGÍLIO AFONSO DA SILVA e MARCIO ALVES DA FONSECA;

ao Diretor da Escola de Direito do Rio de Janeiro da Fundação Getúlio Vargas/FGV Direito Rio, JOAQUIM DE ARRUDA FALCÃO NETO;

aos meus alunos de graduação da FGV Direito Rio;

aos colegas DIEGO WERNECK ARGUELHES, LIVIA FERNANDES FRANÇA, JOSÉ RICARDO FERREIRA CUNHA, LUÍS FERNANDO SCHUARTZ (*in memoriam*) e GUILHERME LEITE GONÇALVES;

aos meus sócios, MARIA HELENA DE BARROS PIMENTEL, FABIO COUTINHO DE ALCÂNTARA GIL e VINICIUS AUGUSTO EXPOSTO SANCHES VARGAS;

a MARCIO SOARES GRANDCHAMP e SAMUEL RODRIGUES BARBOSA; e

a PATRICIA MICHEL MASCHIO RODRIGUEZ.

SUMÁRIO

PREFÁCIO – MUDAR DE CAMINHO NO PENSAMENTO JURÍDICO BRASILEIRO, ROBERTO MANGABEIRA UNGER 7

AGRADECIMENTOS 11

Capítulo 1 – INTRODUÇÃO
1.1 Tema 15
1.2 Contexto intelectual 18
1.3 Organização 20
1.4 Abordagem 22

PARTE I – O PROBLEMA DA INDETERMINAÇÃO JURÍDICA NO CONTEXTO JURISDICIONAL

Capítulo 2 – PLAUSIBILIDADE DO PROBLEMA
2.1 O caso do lixo 29
2.2 HC 82.424-RS 34

Apêndice ao Capítulo 2 – NOTAS SUMÁRIAS SOBRE O REALISMO JURÍDICO ESTADUNIDENSE 38

Capítulo 3 – ABORDAGENS PARADIGMÁTICAS DO PROBLEMA
3.1 A interpretação em Hans Kelsen: moldura e vontade
    3.1.1 Observações preliminares 44
    3.1.2 O argumento 45
    3.1.3 A moldura e o momento volitivo 48
3.2 Casos controversos e incontroversos em H. L. A. Hart
    3.2.1 Observações preliminares 57
    3.2.2 O argumento 57
    3.2.3 O contexto subjacente à ideia "casos fáceis" 61
3.3 Ronald Dworkin ou: quem tem medo da única resposta correta?

3.3.1 Observações preliminares 69
3.3.2 O argumento fundamental: a divergência teórica 70
3.3.3 A possibilidade da crítica 76

Capítulo 4 – AVALIAÇÃO PROVISÓRIA

4.1 Deflacionando a distinção entre verdade e justificação
    4.1.1 A normatividade do sentido 87
    4.1.2 Contingência do referente, holismo da linguagem e atitude proposicional 91
    4.1.3 O que significa tratar como verdadeiro? 95
    4.1.4 Nota breve sobre a distinção entre instituir e aplicar normas em chave pragmática 99
4.2 Os pressupostos institucionais de Kelsen, Hart e Dworkin ... 100

PARTE II – A INDETERMINAÇÃO INSTITUCIONAL

Capítulo 5 – A ESTRATÉGIA INTERPRETATIVISTA E O MÍNIMO EXISTENCIAL

5.1 A estratégia interpretativista 107
5.2 A ideia de mínimo existencial 111
5.3 O exemplo do nepotismo 117

Capítulo 6 – INTRODUÇÃO A LON L. FULLER:
LIMITES À ATUAÇÃO JURISDICIONAL

6.1 Tarefas policêntricas 118
6.2 A resposta interpretativista: Fiss 124
6.3 Consolidando o debate sobre atuação jurisdicional 128

Capítulo 7 – FULLER E A INDETERMINAÇÃO INSTITUCIONAL

7.1 Aplicação e arquitetura de arranjos normativos 130
7.2 O papel do profissional jurídico entre fins e meios 132

Capítulo 8 – TRÊS EXEMPLOS DE INOVAÇÃO INSTITUCIONAL COM RELAÇÃO À ATUAÇÃO JURISDICIONAL

8.1 Observações preliminares 140
8.2 Ackerman e a nova separação de Poderes 141
8.3 O poder desestabilizador de Unger 145
8.4 A atuação experimentalista do Judiciário em Sabel 150

NOTAS FINAIS 157
BIBLIOGRAFIA 159

Capítulo 1

INTRODUÇÃO

1.1 Tema. 1.2 Contexto intelectual. 1.3 Organização. 1.4 Abordagem.

1.1 Tema

Este trabalho investiga, observadas as premissas e ressalvas indicadas nesta Introdução, o sentido e o valor do chamado *problema da indeterminação jurídica*.

A investigação do sentido do problema, neste trabalho, indica a tentativa de esclarecimento do tipo de questões que ele suscita e a pesquisa quanto ao seu valor refere-se ao esforço de apreciação, sob determinados aspectos, do alcance ou fecundidade das respostas que tais questões possibilitam.

Apesar de o tema incluir-se entre aqueles considerados "clássicos" da teoria jurídica do século XX (sobretudo, da Filosofia do Direito e da Sociologia Jurídica), não apresentamos, de maneira sistemática ou histórica, as diferentes vertentes em que foi desenvolvido. Nossa pretensão é, diversamente, explorar os eventuais méritos de hipótese específica segundo a qual a vinculação da discussão da indeterminação jurídica ao contexto da decisão judicial, sobretudo como resultante de defeitos linguísticos do tipo vagueza ou ambiguidade de enunciados normativos, esgotou sua capacidade de gerar proposições teóricas ou empíricas frutíferas, sendo potencialmente proveitosa a extensão da aplicação dos pressupostos conceituais e intelectuais que a informam a complexos institucionais mais amplamente considerados.

Aliás, sob o ponto de vista terminológico, um dos resultados de nossa reflexão é sugerir que a ideia de indeterminação jurídica seja tratada como gênero sob o qual se encerrem, ao menos, duas espécies, cujo sentido e valor, não obstante certos elementos comuns, diferem marcadamente: a indeterminação da decisão judicial e a indeterminação institucional.

Nesse sentido, analisar em que consiste a diferença e quais pressupostos conceituais e intelectuais associados à ideia da indeterminação da decisão judicial poderiam ser utilmente aproveitados no desenvolvimento da ideia de indeterminação de complexos institucionais é maneira adequada de descrever a tarefa ora empreendida.

A título preliminar, dado que as noções serão desenvolvidas ao longo do trabalho, empregamos a expressão "indeterminação da decisão judicial" (ou indeterminação jurídica "convencional" ou "restrita") para exprimir o reconhecimento de que a solução para controvérsias jurídicas não triviais ou não frívolas, no âmbito jurisdicional, não é determinantemente influenciada pelos enunciados normativos considerados aplicáveis à situação controversa em questão, sendo possível extrair dos mesmos enunciados normativos, de maneira sistemática e não apenas ocasional, duas ou mais soluções justificáveis, total ou parcialmente conflitantes entre si.

Apesar de superficialmente complexa a formulação acima, a expressão "indeterminação jurídica", entendida em sua vertente de indeterminação da decisão judicial, sintetiza intuição atualmente bastante difundida e plausível, sobretudo entre profissionais do Direito. Exprime a conciliação de duas considerações: de um lado, o reconhecimento de que o mecanismo lógico-formal que permitiria a subsunção de "fatos" a "regras" é insuficiente ou, mesmo, inapropriado para definir a solução a controvérsias jurídicas; e, de outro lado, a convicção de que as decisões de controvérsias jurídicas são, de maneira mais relevante do que os textos normativos aplicados, significativa ou determinantemente influenciadas por motivações idiossincráticas de quem as toma. Tais motivações, segundo a intuição disseminada, podem abranger opções ideológicas, inclinações político-partidárias, interesses inconfessos ou, mesmo, incluir estados de bom ou mau humor daqueles autorizados a tomar decisões vinculantes.

Essa percepção quase consensual, por sua vez, converte-se em problema no âmbito do Direito contemporâneo, uma vez que a oscilação entre as alternativas possíveis de solução da controvérsia deve ser obrigatoriamente interrompida por uma escolha, o que suscita, por sua vez, a indagação sobre os critérios da escolha. Se os critérios juridicamente admissíveis para a escolha estivessem predefinidos ou previstos no Direito e fossem suficientes para determinar a decisão a ser tomada (eliminando alternativas possíveis), o problema da indeterminação, evidentemente, sequer existiria. Como, por definição, não estão dados, afirmar que os critérios deveriam ser definidos segundo as peculiaridades de cada caso também não seria uma solução aceitável, pois, ao invés de resolver o problema, estar-se-ia simplesmente ratificando sua existência.

O sentimento difuso de que essa circunstância representa um problema real se confirma ao tornarmos explícitas duas premissas características do Direito na sociedade moderna:[1] (i) a afirmação da ilegitimidade de elementos idiossincráticos como parte determinante de decisões jurídicas; e (ii) característica institucional peculiar, segundo a qual a oscilação entre as alternativas possíveis de solução de uma controvérsia deve ser, inexoravelmente, interrompida por uma decisão, isto é, a incerteza (*non liquet*) não é dada ao aplicador oficial do Direito (o que, aliás, já indica não ser a indeterminação jurídica convencional problema meramente psicológico ou de "manipulação" do Direito por "maus" aplicadores, mas, por assim dizer, estrutural).

A sensação de desconforto subjacente ao consenso descrito acima é reforçada pelo que parece ser um postulado linguístico quase tão intuitivo e plausível quanto a reconhecida insuficiência do método da subsunção e quanto a crença quase incontroversa no papel significativo de motivações idiossincráticas no processo de decisão judicial. Trata-se, em termos novamente simplificados, do postulado pelo qual determinadas palavras ou expressões linguísticas são inerentemente vagas ou ambíguas (ou, pelo menos, contêm área de vagueza ou ambiguidade significativa). Identifica-se a presença dessa consideração com facilidade, por exemplo, nas discussões sobre os chamados "conceitos jurídicos indeterminados" no direito público (e discricionariedade da Administração Pública) e "cláusulas gerais" no direito privado.

Neste trabalho analisamos os pressupostos do problema sumariamente descrito acima, de modo que ele resulta, sob certos aspectos relevantes, deflacionado, isto é, teoricamente menos urgente e prioritário do que parece à primeira vista. A contrapartida da deflação do problema da indeterminação no contexto jurisdicional, entretanto, é sua valorização no contexto de complexos institucionais mais amplamente considerados – ou, em outras palavras, a intensificação da crítica à tradução direta de propósitos sociais em instituições específicas e conhecidas.[2] A explicitação da indeterminação institucional, entretanto, não se faz facilmente ou de maneira unívoca, como também procuramos mostrar.

Nesse sentido, o propósito deste trabalho é duplo: de um lado, evidenciar e analisar o tipo ou família de questões associado ao cha-

---

1. Vide nota de rodapé n. 11 do Capítulo 2 (Plausibilidade do Problema).
2. V. nota de rodapé do Cap. 2, "Plausibilidade do Problema".

mado problema da indeterminação jurídica e seus limites; e, de outro lado, exemplificar e avaliar os méritos relativos do tipo de indagação alternativa que um teórico, voltado à análise do mesmo tema, poderia levar adiante por intermédio da explicitação da indeterminação dos arranjos institucionais que o conformam. Em suma: se demonstrados os resultados de nossa investigação, o problema da indeterminação jurídica – sobretudo se entendido usualmente, isto é, como resultado de "defeitos linguísticos" (vagueza, ambiguidade etc.) de enunciados normativos, a serem aplicados no contexto jurisdicional – tornou-se, atualmente, teoricamente empobrecedor, no sentido de restringir injustificada e desnecessariamente, ainda que de maneira implícita, as linhas de investigação disponíveis ao teórico do Direito (especialmente aquele preocupado em entender e enfrentar problemas sociais por intermédio do Direito). Esse raciocínio é ilustrado, aqui, por intermédio de discussão específica sobre a indeterminação institucional da própria função jurisdicional (um exemplo de complexo institucional), no contexto dos conflitos preponderantes da sociedade brasileira atual.

1.2 Contexto intelectual

A percepção (quase) consensual quanto à insuficiência do mecanismo dedutivo da subsunção e a convicção de que motivações "subjetivas" são significativamente determinantes (por comparação a regras jurídicas positivas) na tomada de decisões judiciais, descrita nos parágrafos acima, encontra eco evidente no desejo de enfrentamento de problemas sociais, de caráter eminentemente distributivo,[3] por intermédio do Direito, reclamado por vários teóricos recentemente, e a indeterminação de enunciados normativos passa a ser, ao mesmo tempo, o pretexto e o veículo para o que se poderia chamar de uma *estratégia interpretativista* de melhoramento social.[4]

De fato, atualmente, o principal instrumento utilizado por juristas (estudiosos e profissionais do Direito) para enfrentar problemas sociais é a elaboração de propostas interpretativas, sobre parcelas do direito estabelecido, que possam ser aproveitadas pelo órgão competente para aplicar o Direito, quando este se encontrar diante de conflito que exija decisão particular para um caso que ilustre o problema social geral.

---

3. Sobre o caráter distributivo de determinados conflitos sociais, v. José Reinaldo de Lima Lopes, *Direitos Sociais – Teoria e Prática*, São Paulo, Método, 2006, especialmente pp. 119-183, e os exemplos constantes do Capítulo 5 do presente trabalho. Utilizaremos a expressão abreviada "problema social" (ou "conflito social") para designar questões transindividuais de caráter distributivo, no sentido a que se acaba de referir.
4. V. as referências e características mencionadas no Capítulo 5 deste trabalho.

INTRODUÇÃO

Tome-se como exemplo o problema do déficit de moradia digna para pessoas de baixa renda na sociedade brasileira.[5] O conjunto de possibilidades normalmente divisado por juristas que desejam contribuir para o enfrentamento desse problema costuma consistir em proposições sobre (i) a correta interpretação do princípio da função social da propriedade (e institutos constitucionais correlatos) e/ou sobre (ii) as próprias características jurídicas dos princípios na Constituição brasileira, tendentes a conformar a atividade do aplicador do Direito (por exemplo, que também se qualificam como normas jurídicas, que se definem pela possibilidade de serem "mais" ou "menos" considerados, que determinam ou afastam a aplicação de determinadas regras expressas etc.).

Essa atividade de e sobre a interpretação, voltada para a instrumentalização da tarefa jurisdicional, é, inegavelmente, fundamental.[6] Ela não é, contudo, infensa a limitações pouco reconhecidas. Ao mesmo tempo em que tem por pretensão superar as características marcadamente limitadoras do "formalismo", "objetivismo" e "positivismo", por exemplo, informando que o jurista, ao interpretar/aplicar o Direito, vale-se de princípios, objetivos, diretrizes e valores constitucionalmente consagrados, ela busca a relegitimação de tais critérios ao justificá-los como também fazendo parte "do Direito" e, portanto, passíveis de servir como fundamento admissível – e mesmo preponderante – em decisões judiciais.

Não podemos fugir à reflexão sobre tais limitações, simplesmente porque essa fuga permitiria que nos juntássemos ao coro de críticas ao "formalismo", "objetivismo" e "positivismo" e outros "ismos" de valor similar e duvidoso. Ocorre que o principal problema dessa estratégia interpretativista é que ela não deixa entrever as alternativas a ela existentes.

---

5. Segundo os dados publicados em junho/2009 pelo Ministério das Cidades, o déficit habitacional no Brasil, que, embora contemple habitações precárias como parte da falta de estoque, desconsidera do cálculo as "habitações inadequadas" (aquelas em que há carência de infraestrutura, como serviços básicos de saneamento, adensamento excessivo de moradores, problemas de natureza fundiária, cobertura inadequada, sem unidade sanitária domiciliar exclusiva ou em alto grau de depreciação), equivalia a aproximadamente 6,3 milhões de habitações em 2007. Se acrescido apenas um critério para definição de habitações inadequadas (já que somá-los não é cientificamente adequado), a necessidade habitacional brasileira sobe para aproximadamente 17 milhões de habitações (v. Ministério das Cidades/Secretaria Nacional de Habitação, *Déficit Habitacional no Brasil 2007*, Brasília, 2009).
6. E a constatação de que deveria ser bem feita, e em grande parte não o é, como fartamente documentado em Thiago dos Santos Acca (*Análise da Doutrina Brasileira dos Direitos Sociais: Saúde, Educação e Moradia entre os Anos de 1964 e 2005*, dissertação de Mestrado, São Paulo, FDUSP, 2009), apenas o confirma.

Por exemplo, seria preciso nada menos do que uma revolução no conteúdo da interpretação do princípio da função social, e no entendimento do alcance do papel de juízes ao aplicá-lo, para que se pudesse esperar, da decisão de casos concretos, solução, ou ao menos rudimento de solução abrangente, ao problema do déficit de moradia para pessoas de baixa renda na sociedade brasileira. Porém, a esse limite a estratégia interpretativista não chega. Por quê? A intenção que subjaz à estratégia interpretativa, portanto, é, ao mesmo tempo que expansiva, autolimitadora, sem que esclareça em que condições pode ser uma ou outra.

O problema *não* é que, ao abandonar o formalismo (se é que de fato foi abandonado), ficamos sujeitos a interpretações "forçadas", nas quais a retórica de princípios e valores constitucionalmente consagrados institui um "vale-tudo"; o problema é subscrevermos, sem saber, a determinado pressuposto sobre o papel do Direito e sobre sua organização institucional, descritiva e normativamente específico.

O aspecto curioso da situação, do ponto de vista intelectual, é que essa limitação tornou-se para nós, interessados no estudo do Direito, praticamente invisível. Temos dificuldades, inclusive, para imaginar outro papel para o jurista fora do contexto jurisdicional e interpretativo. E essa dificuldade, mesmo quando se chega a expô-la, de qualquer forma, é comumente defendida como natural, a partir de uma oposição abstrata entre Direito e Política, a legitimar a contenção da atividade do jurista a "questões jurídicas", em oposição à sua intervenção em "questões políticas".

Na medida em que este trabalho contribua para tornar visíveis (e, portanto, passíveis de discussão) as limitações mencionadas – ainda que, para tanto, seja necessário obscurecer parcialmente a distinção entre questões políticas e questões jurídicas (sem, evidentemente, descuidar do irredutível caráter normativo do Direito) –, estará, a nosso ver, justificada sua importância.

1.3 *Organização*

A investigação está dividida em duas partes – em termos sumários, a primeira se refere à indeterminação da decisão judicial, e a segunda à indeterminação institucional. Na primeira, procedemos a ensaio de "deflacionamento" e redireção do problema; na segunda exploramos as hipóteses e pressupostos de desenvolvimento dos aspectos institucionais do problema no âmbito de uma organização institucional específica, a função jurisdicional.

INTRODUÇÃO

A primeira parte se inicia pelo exame de duas controvérsias jurídicas, uma hipotética, outra efetivamente ocorrida no direito brasileiro. Seu propósito é tornar plausível o problema da indeterminação no contexto jurisdicional, conferindo-lhe interesse.

Em seguida examinamos três teorias "familiares" sobre o problema: o tópico da interpretação em Hans Kelsen, a distinção entre casos incontroversos e casos controversos em H. L. A. Hart e a tese da única resposta correta em Ronald Dworkin. Em descrição inicial, e evidente à primeira vista, Kelsen seria o defensor da indeterminação radical, Dworkin defenderia a determinação radical e Hart representaria meio-termo ponderado. Esperamos que, como resultado de nossa análise, fique, ao menos, claramente demonstrada a superficialidade dessa descrição. Embora este trabalho não tenha pretensão propriamente exegética, é sua expectativa que o exame do pensamento de certos autores conhecidos: (i) somente seja efetuado diante de sua especial pertinência ao seu objeto, (ii) respeite as mais rigorosas técnicas exegéticas e, mais importante, (iii) resulte em propostas interpretativas suficientemente sutis para merecer sejam expostas.

A partir da discussão dos autores mencionados, procuramos identificar certos pressupostos relacionados à prática discursiva que reduzem a importância da distinção entre verdade e justificação e permitem que a linguagem seja percebida como um dos meios da interação social, e não um véu entre "nós" e a "realidade", assim também atenuando a relevância dos defeitos linguísticos como fonte de indeterminação no contexto jurisdicional. Avaliamos em seguida os pressupostos institucionais que identificamos nos autores estudados, de maneira a preparar a transição para a parte seguinte do trabalho.

Na segunda parte examinamos típico problema social (carência de "mínimo existencial") e a típica solução contemporânea da teoria jurídica dada a ele (justiciabilidade de prestações sociais que assegurem o "mínimo"), na tentativa de evidenciar a quase invisível limitação de pensamento institucional a ela subjacente.

Em seguida avaliamos duas propostas teóricas, contrapostas, de tratamento da situação verificada, para em seguida aprofundar a proposta teórica específica de pensamento institucional que vise a superar o tipo de limitação identificada: a ideia de *eunomics* (estudo das boas formas de organização social) desenvolvida por Lon (Luvois) Fuller, por intermédio da qual procuramos desenvolver de que maneira o estudo de variações na organização institucional da sociedade – seja, exemplarmente, no órgão de aplicação do Direito, seja em instituições que o circundam, seja em ambos – ampliaria relevantemente o conjunto de indagações disponíveis ao teórico do Direito; ampliação, essa, dificultada pela preponderância teórica atribuída ao problema da indeterminação jurídica em sua vertente exclusivamente jurisdicional.

Para ilustração do raciocínio desenvolvido nesta segunda parte, voltaremos o foco para a indeterminação da organização dos próprios processos de aplicação do Direito e analisaremos, nesse sentido, três propostas de reorganização da função jurisdicional no contexto da concretização de direitos sociais, desenvolvidas por Bruce Ackerman, Roberto Mangabeira Unger e Charles Sabel. O interesse de tais propostas para nosso propósito é menos seu detalhe do que o exercício de inovação institucional que pressupõem como necessário.

Notas finais, de caráter mais especulativo e conjectural, concluem o trabalho.

1.4 Abordagem

Como se pode notar das observações acima, o que se está a discutir, o que a análise de nosso tema propicia, não é uma conclusão teórica definitiva, mas a explicitação de família ou conjunto peculiar, não necessariamente harmônico, de questões teóricas e de formas alternativas de responder a elas.

Nesse sentido específico, o caráter da investigação é, fundamentalmente, epistemológico, se por "Epistemologia" se entender não o estudo das condições universais e necessárias de todo conhecimento, mas o do contexto de desenvolvimento e das implicações de determinado campo de indagações, histórica e socialmente localizável. Pretende-se, assim, delinear uma pauta, um campo de pesquisa, estabelecer uma conexão epistemologicamente produtiva, que permita formular novas hipóteses de investigação, onde hoje, segundo a perspectiva adotada, há esforços cujo potencial teórico se esgotou ou está próximo a se esgotar. Consideram-se, nessa medida, as repercussões do desenvolvimento possível de linha de investigação que, embora compartilhe alguns pressupostos com aquela relacionada à indeterminação jurídica no contexto jurisdicional, estende-os para fora de tal contexto, em direção ao estudo de variações na organização institucional da sociedade. A tese principal é a de que essa extensão é teoricamente possível e rica em consequências.

O modelo de abordagem seguido é marcadamente analítico, por comparação à investigação precipuamente histórica ou empírica do problema da indeterminação jurídica. O sentido de "análise", aqui, é o mais genérico possível: o da segregação e ressistematização dos diferentes elementos e problemas associados a determinado tema. Abordagens alternativas, é certo, parecem-nos factíveis e potencialmente interessantes e profícuas; no entanto, por não se situarem no núcleo metodológico do trabalho, registramos apenas de maneira pontual, ao longo do estudo, sugestões de hipóteses a serem exploradas (por exemplo, uma possível relação entre a emergência do problema da indeterminação no realismo jurídico estadunidense e o papel assumido pelos juristas no *New Deal*, bem como a relação entre o exacerbamento do problema da indeterminação a partir dos conflitos resultantes das transformações do Estado e do Direito com o desenvolvimento do Estado de Bem-Estar Social).

O conjunto bibliográfico dedicado ao tema da indeterminação jurídica, sobretudo na teoria jurídica anglo-saxã (em que foi mais elaborado), é, atualmente, quase que integralmente vinculado à tradição de Filosofia Analítica.[7] Até ser capturado por esta, no entanto, foi explicitamente desenvolvido pelo realismo jurídico estadunidense, sobretudo no segundo quartil do século XX,[8] e posteriormente, na década de 70 e início da década de 80 daquele século, pelos defensores do chamado *critical legal studies*.[9]

Embora não nos filiemos, a rigor, a nenhuma dessas correntes intelectuais,[10] entendemos que a atual associação do tema da indeterminação com a Filosofia Analítica – talvez pela grande influência do Capítulo VII d'*O Conceito de Direito* de H. L. A. Hart, a obra principal de Filosofia do Direito de matiz analítica – tornou-o ainda mais vinculado ao que vimos chamando de contexto jurisdicional. Por contraste, no realismo jurídico estadunidense (talvez por sua correlação com a reconstrução institucional do *New Deal*), o elemento de indeterminação na estruturação de arranjos normativos, entendidos de maneira mais ampla, estava desde logo presente, ainda que de maneira não sistemática. Assim, embora não tenhamos descuidado, na pesquisa que conduziu à elaboração deste trabalho, do exame da literatura mais recente (analítica), os rudimentos da

---

7. V. as referências a Bix, Coleman, Endicott, Leiter e Schauer na Bibliografia.
8. V. referências principais no Apêndice ao Capítulo 2.
9. Para exemplos bastante ilustrativos, v. as referências a Tushnet na Bibliografia.
10. Este trabalho insere-se em conjunto diversificado de tradições intelectuais, não subscrevendo uma escola de pensamento, implicando isso, evidentemente, vantagens (a possibilidade de aproveitamento de instrumentos analíticos e conceituais diversos para enfrentamento de um problema) e desvantagens (risco de ecletismo). Cabe mencionar aqui, no entanto, uma tradição particular que serve, sim, como pano de fundo de nossos estudos: aquela que trata como relevante a relação entre Direito e Política (entendida em sentido amplo, não restrito à política partidária) e que procura a cada momento expor, estabelecer e multiplicar suas conexões, da maneira mais explícita possível.

análise que pretendemos avançar podem ser mais facilmente encontrados em épocas anteriores (sobretudo, no realismo jurídico estadunidense). Como indicado acima, a principal referência intelectual para nossa discussão da indeterminação institucional é o pensamento de Lon L. Fuller. Essa referência pode ser surpreendente, pois Fuller é conhecido, sobretudo no Brasil, pelo hipotético "Caso dos Exploradores de Cavernas", em que exercita a pluralidade de decisões e justificativas possíveis para determinada controvérsia jurídica – uma já clássica ilustração do problema da indeterminação da decisão judicial.[11] O mesmo vale, no entanto, também nos Estados Unidos, onde é reconhecido sobretudo por seu trabalho em direito contratual (seus artigos "The reliance interest (...)" e "Consideration and form"[12] são considerados paradigmáticos no desenvolvimento dogmático da matéria) e por seu trabalho em Filosofia do Direito (*jurisprudence*), em que sua produção é excepcionalmente difícil de classificar. Essa dificuldade resulta da circunstância de Fuller, embora um crítico do positivismo jurídico, não ser facilmente associável a teses jusnaturalistas ou a princípios morais a-históricos implícitos ao Direito.

Em razão de sua estreita conexão aos objetivos do presente trabalho, nossa atenção a sua produção teórica, no entanto, dá-se por ângulo menos estudado de seu pensamento (até porque menos desenvolvido em suas obras publicadas, embora por ele reputado como o mais importante): Fuller advoga a conveniência de enfatizarmos o papel do profissional do Direito como "arquiteto de estruturas sociais" (que ele distingue firmemente de um "planificador ou engenheiro social"), identificando na relação de interdependência entre ideais e instituições componente de contingência que cria a possibilidade de variação coetânea tanto dos ideais que defendemos quanto das instituições com que buscamos concretizá-los, em prática que, se repetida e acelerada, permite constante inovação na organização social. Como já mencionado, o nome que deu a essa disciplina, cujos elementos, entretanto, não chegou a formular de maneira sistemática, foi *eunomics*, o estudo das melhores alternativas de organização institucional da sociedade.

Ainda do ponto de vista de abordagem do tema, observamos que, apesar de nosso objeto ser diverso daquele abordado por Sebastião Botto

---

11. L. Fuller, "The Case of the Spelucean Explorers" (1949), *Harvard Law Review* 62/616-645, n. 4.

12. L. Fuller e W. Perdue, "The reliance interest in contract damages", *Yale Law Journal* 46/52-96, 1936-1937; e L. Fuller, "Consideration and form", *Columbia Law Review* 41/799-824, 1941.

de Barros Tojal em seu trabalho de Doutoramento,[13] o presente trabalho pretende dar continuidade à reflexão de cunho epistemológico ali desenvolvida. Quatro características, a nosso ver, singularizam essa reflexão: (a) preocupação com a crítica e revisão dos pressupostos epistemológicos do estudo dos objetos da Teoria do Direito; (b) a afirmação do caráter historicamente localizado e socialmente comprometido de qualquer ato de conhecimento, que somente compreende seu objeto ao buscar transformá-lo; (c) o reconhecimento da irredutibilidade do caráter normativo do Direito como criador, ao mesmo tempo, de sua identidade específica e do ponto de partida para sua relação com outros pontos de vista sobre a organização e estudo da sociedade; e (d) o entendimento ampliado da Política como fórmula de contingência da sociedade.[14]

Vale ressalvar, por fim, três limites à abordagem adotada neste trabalho.

Não propomos estabelecer conexões diretas entre o tema da indeterminação e doutrinas políticas, como o Liberalismo (por exemplo, postulando ser o ideal de *determinação jurídica* elemento necessário da doutrina).[15] A nosso ver, essa relação é duvidosa, pressupondo em tais doutrinas caráter unitário e mais coerente do que efetivamente possuem.

O tema da incerteza e da indeterminação já foi estudado na teoria dos sistemas como traço necessário do Direito na Modernidade. Entretanto, por necessidade de recorte epistemológico e coerência metodológica, não trataremos da indeterminação com base na teoria dos sistemas. Em qualquer caso, a importância dada ao tema por tais estudos inspira, ao menos, a tentativa ora efetuada de explorá-lo, ainda que segundo orientação não vinculada às mesmas premissas teóricas.[16]

13. Sebastião Botto de Barros Tojal, *Contribuição à Revisão Epistemológica da Teoria Geral do Estado: Elementos de uma Nova Ciência Social*, tese de Doutoramento, São Paulo, FDUSP, 1994.
14. Evidentemente, uma paráfrase de Luhmann, que trata a Justiça como fórmula de contingência do Direito. V., por exemplo, o Capítulo 5 de Niklas Luhmann, *Law as a Social System*, Oxford, Oxford University Press, 2009.
15. Para tentativa nesse sentido, v., por exemplo, Roberto Unger, *Knowledge and Politics*, Boston, Harvard University Press, 1975 – atentando-se, contudo, para as importantes ressalvas autocríticas incluídas nas edições posteriores a 1983, sob a forma de "Posfácio".
16. Cf. Niklas Luhmann, *Law as a Social System*, cit., *passim*. Entre nós, Guilherme Leite Gonçalves, não por coincidência, inspirado pela teoria dos sistemas, tratou do tema da incerteza como traço característico do direito em *Certezza e Incertezza: Presupposti Operativi del Diritto Contingente*, tese de Doutoramento, Itália, Università degli Studi di Lecce, 2008 – que lemos em tradução para o Português do próprio autor (no prelo).

Como se sabe, o efetivo exercício da chamada "interdisciplinaridade" é inversamente proporcional ao número de discursos feitos a seu respeito. Ocorre que, no caso deste trabalho, a interdisciplinaridade não é opção, é dado indissociável de seu objeto e de seus objetivos. Ou seja: o próprio caráter do tema requer o auxílio de instrumental conceitual e *insights* de disciplinas diversas: predominantemente, da Teoria do Estado, da Sociologia do Direito e da Filosofia do Direito.

***

De maneira sintética, portanto, a ideia básica do trabalho é a de que a indeterminação do Direito, restrita ao contexto jurisdicional e entendida como uma questão linguística, esgotou seu potencial teórico. Daí a pergunta: como as questões de "indeterminação do Direito" podem ser mais produtivamente tratadas como questões de configuração institucional do que como questões de natureza da linguagem?

Uma das hipóteses que exercitaremos, sobretudo na Parte I, é a de que entre os elementos causadores do próprio fenômeno da indeterminação está um elemento ao mesmo tempo mais simples, mais inaudito e mais interessante (porque cria questões que podem ser debatidas democraticamente) do que as teorias jurídicas sobre a interpretação do Direito costumam apontar: a estrutura institucional-normativa do processo de aplicação do Direito – estrutura, essa, que é contingente e, portanto, variável.

Parte I
O PROBLEMA DA INDETERMINAÇÃO JURÍDICA NO CONTEXTO JURISDICIONAL

*Capítulo 2 – **Plausibilidade do problema***
*Apêndice ao Capítulo 2 – **Notas Sumárias sobre o Realismo Jurídico Estadunidense***
*Capítulo 3 – **Abordagens Paradigmáticas do Problema***
*Capítulo 4 – **Avaliação Provisória***

Capítulo 2

PLAUSIBILIDADE DO PROBLEMA

2.1 O caso do lixo. 2.2 HC 82.424-RS.

2.1 O caso do lixo[1]

Para dar concretude ao problema da indeterminação, suas circunstâncias típicas de manifestação e indagações a ele associados, propomos a breve consideração do seguinte caso hipotético ("Caso do Lixo"):

• Lei municipal recentemente editada em área praiana estabelece que "é proibido deixar lixo na praia, sob pena de multa a partir de R$ X".

• Agentes municipais de limpeza encontram cinco objetos em praia municipal: (i) anel de diamantes, (ii) lata de cerveja vazia, (iii) livro, lido e sublinhado, do autor Paulo Coelho, (iv) pilha de conchas (usadas para casquinhas de siri); e (v) escultura de areia pintada, representando a Santa Ceia.

1. O exemplo hipotético discutido a seguir é baseado no caso "No Trash on the Beach", incluído nos materiais de estudo integrantes de *The Bridge Project*, criado em 1999 pelos professores Abram Chayes, William Fisher, Morton Horwitz, Frank Michelman, Martha Minow, Charles Nesson e Todd Rakoff, da Faculdade de Direito da Universidade de Harvard, como eixo central de programa de "aceleração" e "refinamento" do "raciocínio jurídico" dos alunos. Tais materiais são plenamente acessíveis pela Internet: *http://eon.law.harvard.edu/bridge* (último acesso, para confirmar disponibilidade da página, em 13.1.2011). Recebi autorização expressa dos autores para utilizá-lo e o modificar, sob qualquer forma, para fins didáticos (conforme *e-mail* de William Fisher a mim, em novembro/2004, constante de meus arquivos pessoais), o que fiz, em colaboração com Marcio Soares Grandchamp, na Escola de Direito da FGV do Rio de Janeiro, entre 2005 e 2008. As modificações efetuadas quanto à descrição dos termos do caso são meramente de estilo, sendo as modificações principais encontráveis no desenvolvimento da discussão.

- Cada um dos objetos mencionados foi deixado[2] na praia também por cinco indivíduos incontroversamente identificados.

- Compete (por exemplo, à Procuradoria do Município vinculada ao órgão municipal de limpeza) avaliar a aplicabilidade, ou não, de multa em cada uma das situações, de forma a instaurar o correspondente procedimento administrativo para lançamento da multa.

Ponto de partida típico para a avaliação seria aquele sinteticamente refletido na clássica fórmula de Espínola e Espínola Filho:[3]

> Para que o Direito passe da teoria à prática, para que o preceito abstrato da norma jurídica se mude em preceito concreto, diante de uma situação em que se chocam interesses contraditórios, há mister que: I – o estado de fato, objeto da controvérsia, seja fixado; II – a norma jurídica a aplicar seja determinada; III – seja pronunciado o resultado jurídico, que deriva da subordinação do estado de fato aos princípios jurídicos.

Como se percebe, no caso descrito, tanto o estado de fato quanto a norma aplicável (tomando-se o texto normativo estabelecido na lei municipal) estão claramente fixados e são, em uma palavra, incontroversos. Assim, bastaria, segundo a fórmula de Espínola e Espínola Filho, "pronunciar" o respectivo resultado jurídico. Trata-se, ao menos em sentido leigo, de caso fácil.

Evidentemente, não é preciso muito treino em análise de controvérsias jurídicas (embora seja, provavelmente, preciso algum treino) para notar que a facilidade do caso é apenas aparente. De fato, falta no esquema de Espínola e Espínola Filho a referência ao processo de desenvolvimento do *juízo*, que poderá ser, então, codificado nos elementos do silogismo descrito. A passagem do estado de fato à norma aplicável, e desta àquele, não apenas não é óbvia como pode seguir caminhos diversos, contraditórios e, pior para o Direito praticado no âmbito jurisdicional, não conclusivos.

2. Adotando-se para verificação da ação "deixar" a premissa de ser indiferente a intenção, ou não, de quem o fez – isto é, sendo indiferente se tais objetos foram inadvertidamente "esquecidos" ou propositalmente "jogados". Essa premissa (a indiferença da intenção) deve ser considerada, também, juridicamente vinculante ao órgão julgador do caso (por exemplo, pois teria sido estabelecida jurisprudencialmente em casos similares).

3. Espínola e Espínola Filho, *A Lei de Introdução ao Código Civil Brasileiro: (Decreto-lei 4.657, de 4.9.1942, com as Alterações da Lei 3.238, de 1.8.1957, e Leis Posteriores): Comentada na Ordem de seus Artigos* (1943), 3ª ed., Rio de Janeiro, Renovar, 1999, p. 112.

Então, como se dá essa passagem? De maneira publicamente controlável, ela se dá mediante o oferecimento de justificativas. Assinalamos abaixo tipologia simples de justificativas possíveis.

Tome-se, inicialmente, análise típica, a partir de significados atribuídos aos termos do texto normativo e construção de silogismo a partir deles. Por exemplo, se "lixo" for definido como "aquilo que não tem valor (em termos financeiros)", o anel de diamante não será considerado lixo, ao passo que a pilha de conchas poderá sê-lo. Por outro lado, se "lixo" for definido como "aquilo que não pertence naturalmente à praia", o resultado será exatamente o contrário.

Ainda seguindo análise a partir da atribuição de significados aos termos do texto normativo, podemos considerar que "lixo" seria "aquilo que é perigoso para a saúde". Silogismo possível, nesse caso, seria: "Objetos que apresentam risco à saúde são lixo; a escultura de areia pintada não apresenta risco à saúde; logo, a escultura na areia pintada não é lixo". Ocorre que esse silogismo pressupõe definição do que seja "perigoso à saúde". Teríamos, portanto, que definir o que seria "perigoso para a saúde", e, para tanto, precisaríamos de novo silogismo ("Tudo que [x] representa perigo à saúde ..."), pressuposto àquele que se pretendia estabelecer. Os termos desse silogismo pressuposto (o "[x]", no caso) provavelmente requereriam novas definições, e assim por diante, sem limite preestabelecido, impondo, portanto, um problema de regresso ao infinito.

Os dois parágrafos precedentes suscitam a ideia de que há necessidade de algum tipo de escolha entre alternativas de decisão que se tornam, pelas premissas adotadas, incongruentes, ou do ponto onde interromper a formulação de premissas, de forma que se possa fixar alguma conclusão.

Em outras palavras: a forma do silogismo somente funciona, para fins de decisão, a partir do momento em que as premissas já estão estabelecidas, dependendo esse estabelecimento de elemento de escolha que lhe é exterior, pois não baseado nos critérios dados. Ou seja: se a lógica formal funciona, isso só ocorre a partir do momento em que elementos externos ao silogismo são definidos.[4]

Talvez outra forma de raciocínio – de caráter finalístico – fosse mais útil à definição das próprias premissas necessárias à decisão do caso. Por "caráter finalístico" entenda-se, aqui, a consideração de objetivos (aqui, ainda sem a necessidade de distinções técnicas entre propósitos, valores, políticas, princípios) subjacentes à norma aplicável.

---

4. V., por exemplo, John Dewey, "Logical method and the Law", in John Dewey, *The Middle Works, 1899-1924*, vol. 15, Southern Illinois UP, Carbondale & Edwardsville, 1923-1924, pp. 65-77.

Suponha-se, nesse sentido, que, examinando a "Exposição de Motivos" da lei municipal ou indagando de seu papel na estrutura de princípios constitucionalmente consagrada,[5] se entenda que o objetivo subjacente à lei municipal seria a preservação do ambiente da praia em estado natural. Nesse caso, todos os objetos poderiam ser considerados lixo, à exceção, unicamente, talvez, da pilha de conchas (e, mesmo nesse caso, se fossem desconsiderados os restos de comida). Por outro lado, se o objetivo da lei municipal fosse manter o ambiente da praia com aparência agradável e fomentar o turismo (por exemplo, como meio de ampliação da receita municipal), haveria menos inclinação à qualificação do anel e da escultura de areia pintada como lixo.

Se se afirmasse, para evitar essa incongruência, que caberia maximizar a consecução de ambos os objetivos, seria difícil fazê-lo sem estabelecer prioridade ou prevalência entre eles. O critério para estabelecimento de tal prioridade ou prevalência não estando dado, parece que a consideração de objetivos da lei também não elidiria o exercício de um tipo de escolha, não estritamente baseado nos critérios dados, para conclusão do raciocínio.

Além da atribuição de significados a termos isolados da lei (por exemplo, definindo "lixo") e da consideração de objetivos a ela subjacentes, terceira forma típica de avaliar juridicamente o caso tendo em vista uma decisão – buscando um critério para formulação do juízo implícito à subsunção pretendida – seria comparar as situações descritas, cuja conclusão está em aberto, a situações paradigmáticas para as quais a conclusão fosse considerada incontroversa, tomando uma decisão a partir das semelhanças e diferenças identificadas entre elas.

A primeira etapa seria, portanto, definir os casos exemplares: por exemplo, um castelo de areia feito por uma criança e restos de comida de uma família. Nessa hipótese, parece possível supor que o castelo de areia claramente não constitui lixo e que os restos de comida, ao contrário, são, indubitavelmente, lixo. A segunda etapa consistiria em identificar os elementos centrais de cada paradigma, o que somente se pode fazer mediante a atribuição de um critério de seleção de características. E, em terceiro lugar, comparar os casos exemplares àqueles sob questão segundo os elementos identificados.

5. Evidentemente, esses dois procedimentos não são intercambiáveis ou neutros quanto aos resultados possíveis. Diferentes teorias de interpretação podem considerar um deles adequado e o outro inadequado como forma de identificar o objetivo subjacente. Seria possível classificar teorias pelos diferentes materiais de base que julgam relevante consultar, considerando os propósitos e a coerência interna de cada uma.

Pelos paradigmas indicados, poder-se-ia concluir que a pilha de conchas (por ser encontrável naturalmente no ambiente da praia) e a escultura de areia (por apenas representar uma reorganização estética pontual de elementos já presentes na praia) não seriam lixo – no pressuposto, evidentemente, de que a pilha de conchas está inteiramente livre de restos de comida e de que a tinta da escultura de areia é inteiramente orgânica e não produz riscos de danos à saúde ou ao ambiente (questões que podem ser tratadas, nesse contexto, como empíricas). No entanto, o anel e o livro também dificilmente seriam "restos", como comida que "sobra", sendo descaracterizada a infração.

Ocorre que a definição dos paradigmas implica – evidentemente – opção por determinada avaliação do caso, especialmente sobre a importância dos elementos que tornam aplicável o caso exemplar. A escolha do castelo de areia como exemplo de hipótese admitida parece, por exemplo, restringir significativamente o universo de objetos que não seriam considerados lixo. Da mesma forma, portanto, revela-se o campo para o exercício de escolha, sem que critérios predefinidos a esgotem, o que não fica eliminado pela forma de raciocínio estabelecida.

Seria, obviamente, possível ampliar a lista de indagações, além daquelas consideradas na presente ilustração: a discussão quanto à validade da própria lei municipal, os conflitos sociais que suscita, o arcabouço institucional pressuposto à sua formulação e aplicação etc. Entretanto, uma vez que o propósito da presente ilustração é simplesmente demonstrar a plausibilidade do problema da indeterminação jurídica no contexto jurisdicional, é possível interromper aqui seu desenvolvimento. O que interessa é identificar que a decisão do caso – caracterizado por "fatos" incontroversos, "normas aplicáveis" incontroversas, cuja relação é estabelecida por formas de raciocínio jurídico reconhecidas e consolidadas na prática jurídica (lógico-formal, finalística e analógica) – não prescinde de uma *escolha*, relevantemente não exaurida pelos critérios dados.

Nesse contexto, as perguntas típicas que surgem seriam: Que critérios estranhos aos elementos dados podem ser utilizados? Como se dá essa escolha? Por capricho? Por ideologia? Por quem paga mais? Pelo lance de uma moeda? Poderia ser por uma luta entre as partes?[6]

6. A extensão do raciocínio poderia rapidamente conduzir aos métodos descritos por Michel Foucault em *Dits et Écrits I. 1954-1975*, n. 138 (Coleção Quarto, Gallimard, 2001, em 2 tomos), que corresponde a conferência proferida na PUC/RJ em 1973 (título da conferência: "La vérité et les formes juridiques").

2.2 HC 82.424-RS

A tipologia simplificada de análise adotada na discussão do "Caso do Lixo" serve, surpreendentemente, para organizar a análise de caso certamente mais relevante e complexo, como o do HC 82.424-RS. Nesse caso, como se sabe, coube ao Supremo Tribunal Federal (STF) decidir sobre o caráter imprescritível ou não de crime, pelo qual Siegfried Ellwanger fora condenado, de edição e publicação de livros com conteúdo antissemita,[7] à luz do disposto no inciso XLII do art. 5º da CF brasileira ("a prática de racismo constitui crime inafiançável e imprescritível, sujeito à pena de reclusão, nos termos da lei").

O caso é pertinente à nossa discussão porque, assim como no "Caso do Lixo", não há nenhuma controvérsia relevante quanto aos fatos do caso e, com uma qualificação relevante indicada abaixo, quanto aos textos normativos aplicáveis (elementos I e II da fórmula de Espínola e Espínola Filho).

Da mesma forma como no "Caso do Lixo", é possível distinguir facilmente na discussão realizada no STF sobre o caso do HC 82.424 entre raciocínio baseado na definição de termos isolados de enunciados normativos (fundamentalmente, "racismo" e "raça") para construção de silogismos e raciocínio baseado na consideração de objetivos e valores a serem preservados considerados subjacentes ao Direito aplicável ("igualdade" e "liberdade de expressão"). De maneira menos explícita, porém também presente, identifica-se forma de avaliação da controvérsia segundo casos exemplares, não apenas pela trivial citação de precedentes potencialmente aplicáveis ao caso mas, sobretudo, pela comparação do caso com o tratamento que seria dedicado à discriminação contra negros (em que a questão, pelo que se depreende da argumentação ofertada pelo Tribunal, seria incontroversa), a crimes hediondos (que não estão qualificados pela imprescritibilidade no texto constitucional) e, no caso da discussão da liberdade de expressão, ao regime da censura.

Sob o primeiro ângulo, então, trata-se de controvérsia sobre o sentido e o alcance do termo "racismo", empregada no texto constitucional, a partir de cuja definição a decisão do caso se seguiria de maneira cristalina. De fato, segundo Moreira Alves, Relator originário do acórdão, racismo é discriminação contra raça; ser judeu não caracteriza o pertencimento a uma raça (mas, sim, a um povo, religião ou Nação), no sentido comum

---

7. Apesar de o paciente ainda negar tal fato na ação perante o STF, ele foi estabelecido juridicamente, pela condenação, antes da chegada do processo ao STF.

do termo; portanto, o crime praticado não foi o de racismo, e, logo, não incide a imprescritibilidade.[8]

Apesar de discordar frontalmente de Moreira Alves e de alegar fazer interpretação "teleológica e harmônica", por oposição a interpretação lógica, Maurício Corrêa, Relator definitivo do acórdão (função que assume após a aposentadoria do Relator original), não deixa de responder à mesma questão formulada por Moreira Alves, relativa ao significado dos termos "racismo" e "raça". A diferença é que, segundo este, "raça" não seria conceito biológico (tese que atribui a Moreira Alves), mas político--social. O argumento é, fundamentalmente, o de que, sob o ponto de vista biológico, não existiriam raças humanas (apenas uma única raça humana) e que, portanto, para que o texto constitucional tivesse sentido seria preciso entender "raça" de maneira mais ampla, pesquisando a existência de traços culturais próprios e comuns.[9]

A discussão, entretanto, não se resumiu a esse ângulo, fundado na definição dos termos empregados no texto. Outra ótica foi a do potencial conflito entre as exigências de proteção à igualdade (que daria fundamento à proibição de discriminação e, em casos especiais como o do racismo, seria compatível com a qualificação do crime de discriminação como imprescritível) e as exigências de proteção da liberdade de expressão, que estaria violada na medida em que a edição e a publicação de livros expressando crenças, ainda que idiossincráticas e sabidamente falsas (por exemplo, a negação do Holocausto), fossem impedidas.

8. Sob o ponto de vista exegético, o argumento de Moreira Alves é mais detalhado do que a descrição feita no corpo do texto: identifica distinção entre "discriminação" e "racismo" no texto constitucional (incisos XLI e XLII do art. 5º), para defender que não é qualquer discriminação que seria imprescritível; menciona argumento genealógico, cuja relevância ressalta em razão de a Constituição brasileira ser relativamente recente, pelo qual o dispositivo em questão teria sido elaborado para dar conta de discriminação contra negros; e, com retórica típica de julgados do STF, vale-se de argumentos de autoridade doutrinários, antropológicos e de "respeitáveis autores judeus".
9. O argumento completo de Maurício Corrêa – auxiliado por conjunto significativo de pareceres apresentados na condição de *amicus curiae* – também é mais detalhado do que o descrito no texto: inclui a ideia de que o que importa é que o paciente tratou judeus como raça, para os inferiorizar ou denegrir; apresenta citações das mais variadas autoridades na área da Biologia, Sociologia, História e Ciência Política; e acrescenta argumento de Direito Internacional relativo a tratados e convenções assinados pelo Brasil que confirmariam a tese por ele defendida (embora digam respeito mais à caracterização da conduta do paciente como crime, não ao caráter imprescritível deste).

Claramente, trata-se de outro tipo de questão. De fato, se levada às últimas consequências, poderia até implicar, em tese, a descaracterização do crime a que havia sido condenado o paciente do *habeas corpus*.[10] Nesse sentido, o texto do inciso XLII do art. 5º da CF brasileira passa a ser apenas o pano de fundo para outra discussão, em que a literalidade das palavras do dispositivo é menos debatida ou posta em questão do que simplesmente desconsiderada como fator relevante ou, ao menos, determinante.

É verdade que a articulação desse segundo tipo de raciocínio no acórdão em questão é feita com menos cautela. Por exemplo, ao Relator definitivo do acórdão basta afirmar que a liberdade de expressão não é incondicional e alegar a necessidade de "ponderação" para concluir pelo condicionamento da liberdade de expressão no caso.

Novamente, para nossos propósitos, interessam menos os detalhes dos casos tratados acima do que a confirmação da constatação de que, mesmo em circunstâncias em que os *fatos* de determinado caso e os *enunciados normativos* considerados aplicáveis estão incontroversamente caracterizados, a *decisão jurídica* pode não ser incontroversa ou, mesmo, implicar resultados frontalmente opostos. A ressalva relevante, neste caso, é a de que a proteção da igualdade e da liberdade de expressão é veiculada por intermédio de dispositivos normativos diversos, o que implica também que a tarefa de identificação da norma aplicável se revela necessária, tornando a situação de aplicação do Direito mais complexa.

Em qualquer caso, não é inútil registrar que o mesmo vale, inclusive, para a aplicação estrita do chamado raciocínio lógico-formal,[11] que,

10. De fato, os Ministros do Tribunal quase se colocaram na posição de negar o *habeas corpus* pleiteado para deferir de ofício outro *habeas corpus* (v. a discussão coligida em Supremo Tribunal Federal, *Crime de Racismo e Antissemitismo: Habeas Corpus n. 82.424-RS*, Brasília, 2004).

11. A combinação entre características formais e raciocínio lógico-dedutivo seria a expressão sumária da racionalidade típica do direito moderno, em sua forma mais rigorosa, conforme descrita por Weber em *Economy and Society*, vol. II, p. 657 (e discussão a ela associada nas páginas anteriores do mesmo livro), e cuja síntese se encontra nos cinco postulados a seguir: "A Ciência Jurídica atual, pelo menos quando assumiu as formas mais avançadas de racionalidade metodológica e lógica, como na Pandectista, tem como ponto de partida os seguintes cinco postulados: (1) toda decisão jurídica concreta representa a 'aplicação' de um preceito abstrato a um 'fato' concreto; (2) que seja possível encontrar, em relação a cada caso concreto, por meio da lógica jurídica, uma solução que se baseie nos preceitos jurídicos abstratos em vigor; (3) o direito objetivo vigente é um sistema, real ou latentemente, 'sem lacunas' de preceitos jurídicos ou, pelo menos, deve ser tratado como tal para fins

conforme se demonstrou, também pode, segundo as premissas eleitas, e no máximo de seu rigor, originar conclusões contrárias a um mesmo caso. Se, ao lado deste tipo de raciocínio, incluem-se, ainda, as outras formas – reconhecidas e reputadas – de raciocínio jurídico, como aquele mais diretamente voltado à concretização de finalidades atribuídas ao direito em questão ou aquele que se baseia na comparação do caso controverso com casos exemplares e incontroversos, que multiplicam considerações potencialmente conflitantes para a resolução do caso, parece-nos suficientemente estabelecida a base para a plausibilidade do problema da indeterminação jurídica, em sua versão convencional.[12]

A análise dos casos acima, entretanto, não representa conclusão de nossa reflexão; antes, seu ponto de partida. No contexto das observações anteriores, permanecem e se multiplicam as questões: Como se pode afirmar que um juiz tem legitimidade para resolver controvérsias jurídicas? Um juiz decide controvérsias jurídicas usando unicamente "o Direito"? Como distinguir manipulação ideológica e aplicação técnica do Direito? O juiz pode guiar seu julgamento a partir de ideais ou valores públicos que considera implícitos no direito positivo? Que critérios devem informar a avaliação do juiz sobre diferentes opções de resolução de certo caso? Se não há critérios, como controlar o poder de juízes (por exemplo, escrevendo leis mais "claras")?

de aplicação do mesmo a casos concretos; (4) tudo o que não seja possível 'reinterpretar', de forma racional, em termos jurídicos carece de relevância para o direito; e (5) a conduta dos homens que formam uma comunidade deve ser necessariamente concebida como a 'aplicação' ou 'execução' ou, ao contrário, como uma 'infração' ou 'violação' de preceitos jurídicos, pois, como consequência da 'ausência de lacunas do sistema jurídico', o direito representa a ordenação jurídica de toda a conduta social (essa última conclusão foi tirada de Stammler, que não chegou a enunciá-la explicitamente)" (tradução livre).

12. Por não ser este o objeto do presente trabalho, deixamos de desenvolver em detalhes as diferenças entre as três formas de raciocínio indicadas no texto. Entretanto, não poderia deixar de registrar que tanto o silogismo quanto a ponderação, tipicamente associados aos dois primeiros, refletem, a nosso ver, apenas maneiras de *formalizar*, *codificar* ou *organizar* premissas de juízos e seus méritos devem ser avaliados segundo sua capacidade relativa para explicitar determinadas premissas e ocultar outras. O esforço de Alexy no relevante artigo "On balancing and subsumption: a structural comparison" (*Ratio Juris* 16-4/433-449, dezembro/2003) para demonstrar a existência de equilíbrio, em termos de racionalidade, entre os mecanismos da subsunção e da ponderação nos parece, nesse ponto, correto porém insuficiente, porque apenas demonstra – embora o faça adequadamente – que a ponderação se qualifica como método racional, não desenvolvendo, entretanto, comparação entre a capacidade de ambas para tornar explícito *o maior número* de premissas possíveis.

Apêndice ao Capítulo 2
*NOTAS SUMÁRIAS
SOBRE O REALISMO JURÍDICO
ESTADUNIDENSE*

Como arremate às considerações que extraímos do "Caso do Lixo" e do HC 82.424-RS, transcrevemos abaixo as mais paradigmáticas passagens de três importantes representantes do realismo jurídico estadunidense: Jerome Frank, Karl Llewellyn e Felix Cohen. Nosso propósito, evidentemente, não é o de nos servir de argumentos de autoridade, mas somente o de sedimentar o sentimento de plausibilidade do problema da indeterminação judicial, valendo-nos, para tanto, das mais radicais formulações produzidas por tais autores. Se puderem ser lidas no contexto intelectual mais amplo sintetizado em seguida à sua transcrição, adquirem sentido mais consistente.

Jerome Frank:[1]

> [O]pinions[2] (...) disclose but little of how judges come to their conclusions. (...). [T]hey are censored expositions. (...). How then does a judge arrive at his decision? In terse terms, he does so by a "hunch" *[palpite, pressentimento, intuição]* as to what is fair and just or wise or expedient. (...). The hunch is a composite reaction (...) to the stimuli set up by witnesses – stimuli which encounter the judge's (...) biases, "stereotypes", preconceptions, and the like. On all this, formal law is silent. This silence makes formal law hopelessly inaccurate and accounts for the smug confidence of its devotees (when they forget that law-in-discourse is a mere game) in the measurable certainty of the judicial process.

---

1. Jerome Frank, "What courts do in fact", *Illinois Law Review* 25/645-656, 1932.

2. Nesse contexto, *opinions* traduz-se por "decisões judiciais".

Karl Llewellyn:[3]

[T]he line of inquiry via rationalization has come close to demonstrating that in any case doubtful enough to make litigation respectable authoritative premises (...) are at least two, and that the two are mutually contradictory as applied to the case in hand. (...).
[T]he field of free play for ought in appellate courts is vastly wider than traditional (...) thinking ever had made clear. (...). Let me summarize (...):
(a) If deduction does not solve cases, but only shows the effect of a given premise; and if there is available a competing but equally authoritative premise that leads to a different conclusion – then there is a choice in the case (...).
(b) If (i) the possible inductions from one case or a series of cases (...) are (...) not single, but many; and if (ii) the standard authoritative techniques of dealing with precedent range from limiting the case (...) to giving in the widest meaning (...) – then the available leeway in interpretation of precedent is (...) nothing less than huge. (...).
(c) If the classification of raw facts is largely an arbitrary process, raw facts having in most doubtful cases the possibility of ready classification along a number of lines, "certainty", even under pure deductive thinking, has not the meaning that people who have wanted certainty in law are looking for.

Felix S. Cohen:

"[E]lementary logic teaches us that every legal decision and every finite set of decisions can be subsumed under an infinite number of different general rules, just as an infinite number of different curves may be traced through any point or finite collection of points. Every decision is a choice between different rules which logically fit all past decisions but logically dictate conflicting results in the instant case.[4-5]

---

3. Karl Llewellyn, "Some realism about realism", *Harvard Law Review* 1931, pp. 1.222-1.259.
4. Felix S. Cohen, "The ethical basis of legal criticism", *Yale Law Journal* 41/204-220, 1931.
5. Complementar à referência de Cohen é a descrição de Dewey: "[T]hinking actually sets out from a more or less confused situations, which is vague and ambiguous with respect to the conclusion it indicates, and (...) the formation of both major premise and minor proceed tentatively and correlatively in the course of analysis of this situation and of prior rules. (...). In strict logic, the conclusion does not follow from premises; conclusions and premises are two ways of stating the same thing" ("Logical method and the Law", in John Dewey, *The Middle Works, 1899-1924*, vol. 15, Southern Illinois UP, Carbondale & Edwardsville, 1923-1924, pp. 65-77).

[T]he traditional language of argument and opinion neither explains nor justifies court decisions.[6]

Como se pode verificar da abrangência e peremptoriedade das formulações acima, o problema da indeterminação da decisão judicial atingiu na produção teórica e prática do movimento intelectual designado *legal realism* nos Estados Unidos da América[7] importância talvez não encontrável em outras correntes de pensamento. Suas formulações, portanto, são especialmente úteis à consolidação da plausibilidade do problema abordado.

Entretanto, o sentido mais interessante desse esforço conjunto é muitas vezes[8] reduzido por uma interpretação excessivamente extensiva da famosa frase de Oliver Wendell Holmes Jr.: "The prophecies of what the courts will do in fact, and nothing more pretentious, are what I mean by the Law".[9]

Por que tomar essa frase como afirmação de caráter filosófico (epistemológico ou ontológico) sobre o Direito? Apenas para mostrar como seria incoerente e pobre (e, de fato, o seria, pois, deste ponto de vista, o Direito consistiria em pura regularidade fática, sem normatividade)?

Por que não a entender, antes, como referência de caráter sociológico e ligá-la às preocupações peculiares ao momento histórico que Holmes procurava avançar? (Por exemplo, uma crítica à atuação conservadora da Suprema Corte estadunidense, cujas ações voltam-se, sob o pretexto de "defender direitos", à defesa de oligarquias e que redundam na notória

---

6. Felix S. Cohen, "Transcendental nonsense and the functional approach", *Columbia Law Review* 35/809-817, 1935.

7. No que segue deixaremos de indicar a qualificação "estadunidense", embora estejamos nos referindo unicamente ao movimento surgido nos Estados Unidos da América.

8. V., por exemplo, os próprios Kelsen (*Teoria Geral das Normas*, trad. portuguesa de José Florentino Duarte – do original *Allgemeine Theorie der Normen*, 1979 –, Porto Alegre, Sérgio Antônio Fabris Editor, 1986, p. 406, nota 94, onde se lê, por exemplo, que "apenas a autoridade que Holmes tem como Juiz da mais alta Corte pode esclarecer que se aceitou a absurda hipótese como uma grande sabedoria") e Hart ("American jurisprudence through English eyes: the nightmare and the noble dream" (1977), in *Essays in Jurisprudence and Philosophy*, Clarendon, Oxford University, 1983, pp. 123-144).

9. Oliver Wendell Holmes Jr., "The path of the Law", *Harvard Law Review* 10/457, 1897. E Holmes complementa: "Even the prejudices which judges share with their fellow men have had a good deal more to do than the syllogisms in determining the rules by which men should be governed".

decisão do "Caso *Lochner*", em que, em nome da preservação de direitos à propriedade, considerou inconstitucional legislação que criava proteções a trabalhadores.)[10]

Com essas preocupações, anotamos neste "Apêndice" considerações sumárias sobre o movimento do realismo jurídico, com vistas a estabelecer conexões entre suas preocupações e a ideia de indeterminação da decisão judicial.

A "época de ouro" do realismo jurídico é o período entre-guerras no século XX. Não por acaso, é o período de desenvolvimento e implantação do *New Deal* por Franklin Delano Roosevelt – isto é, período de grande turbulência econômica e social nos Estados Unidos da América –, que, para enfrentá-las, propõe e realiza conjunto relevante e progressista de reformas institucionais (por exemplo, a instituição de Previdência Social, a promoção de reformas de sindicalização de trabalhadores, melhoria de condições de trabalho, instituições de financiamento de moradias etc.).

Os principais inspiradores e expoentes do movimento – entre outros, Oliver Wendell Holmes (1809-1894), Wesley Newcomb Hohfeld (1879-1918), John Dewey (1859-1952), Robert Lee Hale (1884-1969), Jerome Frank (1889-1957), Karl Llewellyn (1893-1962) e Felix Solomon Cohen (1907-1953), para citar os mais proeminentes – compartilhavam, em sua produção teórica,[11] menos uma doutrina própria do que o desejo de combate, em frentes o mais amplas possível, ao que se pode chamar de elementos *formalistas* e *idealistas* no Direito e no pensamento jurídico.

Formalista, para os realistas jurídicos, é a ideia segundo a qual o Direito deve ser visto como sistema de regras completo e coerente, dissociado de conflitos ideológicos, complementado por método de decisão dedutivo, capaz de inferir proposições logicamente inferiores de proposições logicamente superiores.

Idealista, por sua vez, é a visão do Direito como a expressão de ideais morais abstratos ou "neutros" (por exemplo: liberdade, justiça), por oposição à concepção do Direito como resultado de relações de do-

10. A sugestão constante deste parágrafo não oculta que o pensamento de Holmes é muitas vezes incoerente e que, sim, ele pode, em momentos, ter pretendido afirmar uma Teoria do Direito. Trata-se, assim, de uma sugestão de interpretação "caridosa", mas não de menor utilidade.

11. Alguns assumiram cargos no Governo dos Estados Unidos da América durante o *New Deal*, e, nessa condição, tiveram também papel propositivo e de implementação.

minação ou de interesses parciais. Como complemento, um método que pressupõe a capacidade de organizar os princípios da vida em sociedade e extrair deles decisões concretas.

No realismo jurídico, por contraste às posições acima, regras e decisões judiciais expressam "opções políticas", não neutras, não naturais e não necessárias. Os elementos de discricionariedade associados ao método dedutivo de decisão judicial e a seu exercício são expostos, assim como o é o conflito constante entre os diferentes ideais e princípios de organização da vida em sociedade, de maneira a procurar demonstrar que o formalismo e o idealismo, em suas expressões de então, e apesar de suas diferenças e de sua pretensão à neutralidade, naturalidade e necessidade, representaram tentativas de justificar papel específico do Estado (limitado) e determinada organização das relações patrimoniais (conservadora ou oligárquica).

É no contexto acima, portanto, que deve ser interpretada a produção teórica dos realistas jurídicos,[12] inclusive suas afirmações de tom mais polêmico, como a de Holmes e como aquelas voltadas a expor a indeterminação da decisão judicial. Seu foco típico não está, entretanto, restrito a expor a vinculação de pronunciamentos judiciais a interesses específicos, por oposição a normas gerais. Suas incursões em exercícios detalhados e aprofundados de problematização de conceitos-chave do Direito – "contrato", "propriedade",[13] "interesse público", por exemplo – são seu produto mais original e relevante.[14]

Mas é evidente que o combate ao formalismo e ao idealismo – um combate não mais apenas intelectual, mas prático – também se travaria

12. A designação "realista" é mais desorientadora do que informativa. Os próprios realistas a criticaram, por sugerir associações indesejáveis. Muitas outras propostas de denominação foram sugeridas – "análise funcionalista", "ceticismo construtivo", "experimentalismo jurídico" etc. Apesar de seus evidentes deméritos, "realista" foi, no entanto, a que vingou (talvez pelo demérito das alternativas, também).

13. Quanto à propriedade, não nos parece sequer proximamente adequado caracterizar que seu esforço restringiu-se a mostrar sua "função social", entendida como uma qualificação ao exercício dos direitos de propriedade. Mesmo com vocabulário extemporâneo, seria mais preciso afirmar que procuraram "desconstruir" a noção de direito de propriedade, para expor as relações de dominação a ela subjacentes. Consideramos os estudos de Robert Lee Hale, citados na Bibliografia deste trabalho, como particularmente profícuos nesse sentido.

14. Cf. F. Cohen, "Transcendental nonsense and the functional approach", cit., *Columbia Law Review* 35/814-817, para a indicação de numerosos exemplos específicos e desenvolvimento aprofundado de alguns deles.

no âmbito judicial, e, portanto, os elementos associados aos raciocínios e práticas judiciais não poderiam ficar imunes à crítica realista. É particularmente marcante a sugestão realista de que decisões judiciais fossem analisadas funcionalmente, isto é, segundo suas consequências – isto, para que tais consequências, uma vez expostas, pudessem ser objeto de *crítica*.[15]

---

15. F. Cohen, "Transcendental nonsense and the functional approach", cit., *Columbia Law Review* 35/814-817.

Capítulo 3
ABORDAGENS PARADIGMÁTICAS DO PROBLEMA

3.1 A interpretação em Hans Kelsen: moldura e vontade: 3.1.1 Observações preliminares – 3.1.2 O argumento – 3.1.3 A moldura e o momento volitivo. 3.2 Casos controversos e incontroversos em H. L. A. Hart: 3.2.1 Observações preliminares – 3.2.2 O argumento – 3.2.3 O contexto subjacente à ideia "casos fáceis". 3.3 Ronald Dworkin ou: quem tem medo da única resposta correta?: 3.3.1 Observações preliminares – 3.3.2 O argumento fundamental: a divergência teórica – 3.3.3 A possibilidade da crítica.

3.1 A interpretação em Hans Kelsen: moldura e vontade

3.1.1 Observações preliminares

Ressalvamos, preliminarmente, que o tema da indeterminação jurídica aparece na obra Hans Kelsen como parte de suas observações sobre interpretação do Direito. Como o tópico da interpretação não é especialmente importante em sua obra, seria no mínimo um exagero afirmar que o mesmo ocorre com a indeterminação jurídica. A discussão que segue, portanto, é reconhecidamente fundada em observações de Kelsen que não são centrais ao pensamento jurídico kelseniano.

Isso não significa, entretanto, que sejam incompatíveis com as hipóteses centrais de seu pensamento. Ao contrário, parecem-nos consistentes com elas, a despeito da avidez com que alguns leitores gostariam de identificar em Kelsen elementos antiformalistas no "supremo formalista" (ainda que "ismos" em geral, mesmo o formalismo, não sejam facilmente atribuíveis a ele), e inclusive o endosso ao "Direito livre", a partir das observações deste sobre o elemento "volitivo" na interpretação jurídica.[1]

1. V., por exemplo, a crítica de Kelsen a Ehrlich em *Teoria Geral das Normas*, trad. portuguesa de José Florentino Duarte (do original *Allgemeine Theorie der Nor-*

Mesmo assim, seria ocioso – e, se não ocioso, pretensioso – resumir as teses centrais de Kelsen em poucas páginas e como exercício acessório ao presente trabalho. As teses centrais de Kelsen aparecerão abaixo, portanto, apenas na medida em que associadas ao tema específico da interpretação e da indeterminação.

Ainda preliminarmente, tomamos como "pensamento jurídico kelseniano", para nossos fins, sobretudo aquele refletido na 2ª edição da *Teoria Pura do Direito*.² O pensamento jurídico kelseniano não é estático, e a periodização da obra de Kelsen não é incontroversa, mas a qualificação da 2ª edição da *Teoria Pura* como obra de maturidade (ainda que parte de suas teses venha a ser posteriormente qualificada no âmbito da obra póstuma *Teoria Geral das Normas*, a que também aludimos neste exame) o é.³

Dado isso, o propósito deste capítulo sobre a interpretação na teoria de Kelsen é examinar a abordagem paradigmática sobre o problema da indeterminação, aproveitando-nos do fato de que o vocabulário de Kelsen é bem conhecido no pensamento jurídico brasileiro.

3.1.2 O argumento

Em síntese, a estrutura do argumento de Kelsen sobre interpretação é a seguinte:

(i) A interpretação jurídica abrange dois momentos: um cognitivo, outro volitivo.

(ii) No momento cognitivo determina-se a "moldura jurídica" das soluções possíveis para determinada controvérsia jurídica; no momento volitivo escolhe-se, entre as alternativas, qual deve ser vinculante.

men, 1979), Porto Alegre, Sérgio Antônio Fabris Editor, 1986, p. 434, nota 125, além do desenvolvimento do argumento a seguir.

2. A referência típica, nesse contexto, costuma ser feita apenas ao capítulo final do livro ("A Interpretação"), mas as mesmas observações fundamentais de Kelsen se encontram no meio do mesmo livro, nos trechos sobre a estrutura escalonada do ordenamento jurídico. Quando não indicado de outra forma, as referências no texto são à 2ª edição da *Teoria Pura do Direito*, na tradução portuguesa de João Baptista Machado (Coimbra, Arménio Amado, 1984, 6ª edição da tradução).

3. V., para visão abrangente das alternativas de periodização da obra de Kelsen, Stanley Paulson, "Four phases in Hans Kelsen's legal theory? Reflections on a periodization", *Oxford Journal of Legal Studies* 18/153-166, 1998. Ainda sobre as transformações do pensamento kelseniano ao longo de sua obra, v. Gabriel Nogueira Dias, *Positivismo Jurídico e a Teoria Geral do Direito na Obra de Hans Kelsen*, São Paulo, Ed. RT, 2010. A investigação de Gabriel Nogueira Dias não é objeto de avaliação neste trabalho.

(iii) O primeiro momento é comum ao cientista do Direito, ao cidadão e ao juiz; o segundo momento distingue o juiz (que ele chama de "intérprete autêntico", pois *cria* a norma inferior a partir da norma superior aplicável ao caso) dos outros dois.

Desenvolvemos abaixo o esquema básico acima, inclusive pelo valor de sua simplicidade e seu caráter intuitivo.

A interpretação se define em Kelsen como "fixação de sentido" de normas jurídicas, com vistas à *aplicação* (pelo juiz ou tribunal, ao criar norma individual, por órgãos legislativos ou administrativos, que devam produzir outras normas, por pessoas que acordam negócios jurídicos e, em menor medida,[4] por órgãos de execução, que devam concretizar os efeitos das normas validamente criadas), *observância* (pelo cidadão) ou *descrição* (pelo cientista) do Direito.

A fixação do sentido é o resultado de "processo mental" que acompanha a passagem das normas de direito positivo do geral ao particular ou individual, do abstrato ao concreto, de seu escalão superior a seu escalão inferior.[5] A relação entre as normas superiores, abstratas e gerais e as normas inferiores, concretas e individuais é de determinação, tanto do processo de sua produção quanto de seu conteúdo. Essa determinação é, entretanto, incompleta, e deixa ao aplicador uma "margem de livre apreciação", de extensão variável, seja quanto à verificação da ocorrência da hipótese ("se A"), seja quanto ao alcance da estatuição ("então, *[deve ser]* B") da norma.

A indeterminação, que é sempre existente e sempre parcial,[6] pode ser estabelecida intencionalmente ou não intencionalmente.

A primeira resulta da consideração da autoridade criadora da norma quanto à conveniência em atribuir à autoridade aplicadora a possibilidade de avaliar circunstâncias específicas na criação da norma inferior. É exemplo típico deste caso a delegação ao juiz da determinação da medida de

---

4. Em "menor medida", pois, na teoria kelseniana o ato de execução não se trata de ato de criação, diversamente dos demais atos de aplicação.

5. O eixo central que organiza o pensamento de Kelsen sobre o tema é, portanto, a estrutura escalonada do ordenamento jurídico, originalmente elaborada por seu discípulo Adolf Julius Merkl, incorporada e desenvolvida por Kelsen.

6. "[U]ma norma cuja produção não é de forma alguma determinada por uma norma superior não pode valer como uma norma posta dentro da ordem jurídica e, por isso, pertencer a essa ordem jurídica (...)" (Kelsen, *Teoria Pura do Direito*, cit., 6ª ed., p. 326). Por outro lado, "a norma jurídica não pode prever (e predeterminar) todos aqueles elementos que só aparecem através das particularidades do caso concreto" (ob. cit., p. 337).

uma pena pecuniária ou de prisão para determinado crime, com ou sem o estabelecimento de limites máximos e mínimos. É também exemplo, mais interessante, aquele em que a norma superior apenas define o órgão que deve produzir a norma de escalão inferior, sem indicação de seu conteúdo.

A indeterminação não intencional, por sua vez, resulta da plurissignificação das palavras, da discrepância possível entre a vontade atribuída à autoridade que criou a norma a ser aplicada e de eventual contradição, total ou parcial, entre normas válidas.[7]

O conjunto de possibilidades disponíveis (intencionalmente ou não) para decisão do aplicador é designado por Kelsen de "quadro" ou "moldura". A identificação da moldura é "ato cognitivo", "ato de intelecção", "clarificação" e "compreensão", resultante do exercício da "razão".

As diferentes possibilidades dentro da moldura[8] têm "igual valor" e a escolha ("ato volitivo") por qualquer uma delas é conforme ao Direito, tendo caráter "constitutivo".[9] A interpretação que visa à aplicação se distingue da interpretação que visa à observação ou à descrição do Direito em razão, justamente, do elemento volitivo, presente naquela e ausente nestas.

Para enfatizar seu propósito, Kelsen compara a tarefa de definição de uma sentença por um juiz à tarefa de editar uma lei por um legislador, para afirmar que, embora em grau maior neste do que naquele, ambos "criam" Direito, introduzem na ordem jurídica elementos que não preexistiam ao ato da decisão (por exemplo, sentença ou lei).[10]

A partir desse esquema, Kelsen afirma, de maneira particularmente feroz e mordaz, inexistir critério pelo qual se possa avaliar a correção ou justiça, segundo as normas de direito positivo, da escolha, pelo intérprete autêntico, entre as possibilidades contidas na moldura.[11] Todos os méto-

---

7. Presumindo-se, pelos exemplos de Kelsen, serem de mesmo escalão, especificidade e caráter temporal.

8. Essa restrição ("dentro da moldura") é qualificada no tópico seguinte.

9. De maneira absolutamente coerente, Kelsen observa que a verificação da ocorrência, pela autoridade competente, de "fatos naturais" pressupostos à aplicação de determinada norma tem "eficácia retroativa", fazendo o "fato natural" se converter em "fato jurídico".

10. "A norma individual, que estatui que deve ser dirigida contra um determinado indivíduo uma sanção perfeitamente determinada, só é criada através da decisão judicial. Antes dela, não tinha vigência" (Kelsen, *Teoria Pura do Direito*, cit., p. 330).

11. Salvo quando as próprias normas de direito positivo atribuírem ao aplicador a autoridade para criar norma que entenda "justa" – por exemplo, em casos em que juízos de equidade sejam admitidos.

dos de interpretação conhecidos refletem, nesse sentido, expedientes não jurídicos (sobretudo, morais e políticos) e, perante o Direito, igualmente desprovidos de valor.

A própria indagação quanto à existência, ou não, de critério de correção é problema de "política do Direito", não de teoria jurídica. Qualquer alegação em contrário não é "científica", mas "ficção" comprometida com o desempenho de uma "função político-jurídica", que trata como correta a solução que considera desejável. Cabe ao cientista, unicamente, expor todos os sentidos possíveis de determinada norma, não indicar qual seja correta (pelo menos, não com pretensão de cientificidade). Por isso, indica ele que, em vez de produzir normas, o cientista elabora "proposições" jurídicas.

Em lance que não se pode deixar de reconhecer como brilhante, Kelsen chega a admitir que a ficção da solução correta de fato pode servir à consolidação do ideal da segurança jurídica (ideal que trata como extrajurídico) e que esse ideal pode ter grandes vantagens. Ele o faz, entretanto, apenas para, em seguida, afirmar que tais vantagens são superadas "de longe" pelos efeitos práticos do reconhecimento crítico, tipicamente científico, de todas as significações possíveis de determinada norma, de forma que, uma vez tornados explícitos, possam ser objeto de aperfeiçoamento pelos órgãos legisladores, alcançando-se assim, e não de outra forma (ou seja, não pela ficção), a maior aproximação possível ao próprio ideal de segurança jurídica.

Eis o esquema central do argumento. Como se percebe, o elemento crucial que Kelsen pretende expor é, claramente, o segundo (o momento volitivo) e sua pertinência nos quadros de teoria jurídica com pretensão de cientificidade. Exploramos seu alcance e valor no tópico a seguir.

3.1.3 A moldura e o momento volitivo

Uma decisão fora da moldura produz norma jurídica?

Pelos elementos explícitos apresentados até agora, aparentemente, não. Entretanto, se assim fosse, parecer-nos-ia que a teoria kelseniana seria profundamente incoerente e seu expressamente professado normativismo teria que ceder ao caráter meramente cognitivo do processo de determinação das possibilidades de decisão da norma inferior a partir da norma superior. O juiz cederia ao cientista. Isso, porém, seria inadmissível no sistema kelseniano.

E, de fato, a resposta de Kelsen à pergunta acima é afirmativa, isto é: uma decisão que determine a execução de sanção não prevista pela norma aplicada ou mesmo contrária a ela pode, sim, caracterizar-se como norma jurídica.[12] Como?

Kelsen formula a questão da seguinte forma:[13]

> *Quid juris*, se uma norma não está em harmonia com a norma que determina a sua produção, especialmente se não corresponde à norma que preestabelece o seu conteúdo?

E responde:[14]

> Anular uma norma significa (...) retirar a um acto que tem por sentido subjetivo uma norma o sentido objetivo de uma norma. E isso significa pôr termo à validade desta norma através de outra norma. (...). [A] questão de saber se uma norma de Direito criada por um órgão jurídico está em conformidade com a norma superior que define a sua criação, ou até o seu conteúdo, não pode ser separada da questão de saber quem é que a ordem jurídica considera competente para decidir a questão anterior. Tal como a primeira, também a segunda questão só pode ser decidida pelo órgão que a ordem jurídica para o efeito determine e através do processo pela ordem fixado.

Em uma palavra: pelo "trânsito em julgado" da decisão, que representa a circunstância em que a decisão não pode ser objeto de anulação – isso, claro, em razão não de um fato, mas de outra norma, que assim disponha.

A importância da noção de *coisa julgada* para a exata compreensão do argumento justifica a citação textual:

> O que significa, porém, o fato de a ordem jurídica conferir força de caso julgado à decisão de última instância? Significa que, mesmo que esteja em vigor uma norma geral que deve ser aplicada pelo tribunal e que predetermina o conteúdo da norma individual a produzir pela decisão judicial, pode entrar em vigor uma norma individual criada pelo tribunal de última instância cujo conteúdo não corresponda a esta norma geral. O fato de a ordem jurídica conferir força de caso julgado a uma decisão judicial de última instância significa que está em vigor não só uma norma geral que predetermina o conteúdo da

---

12. "Pela via da interpretação autêntica, quer dizer, da interpretação de uma norma pelo órgão jurídico que a tem que aplicar, (...) também se pode produzir uma norma que se situe completamente fora da moldura que a norma aplicar representa" (Kelsen, *Teoria Pura do Direito*, cit., p. 471).
13. Kelsen, *Teoria Pura do Direito*, cit., p. 363.
14. Idem, p. 364.

decisão judicial, mas também uma norma geral segundo a qual o tribunal pode, ele próprio, determinar o conteúdo da norma individual que há de produzir. Estas duas normas formam uma unidade. Tanto assim que o tribunal de última instância tem poder para criar quer uma norma jurídica individual cujo conteúdo se encontre predeterminado numa norma geral criada por via legislativa ou consuetudinária, quer uma norma jurídica individual cujo conteúdo se não ache deste jeito predeterminado mas que vai ser fixado pelo próprio tribunal de última instância. (...). [É] necessário aceitar o caso extremo de um último processo como facto *em si*.[15]

A par da peremptoriedade do raciocínio, vale notar que, de maneira coerente com seu sistema científico de explicação do direito positivo, se determinado ordenamento jurídico prevê, ou não, normas que estabeleçam o trânsito em julgado de determinadas decisões, e qual seu alcance, é questão inteiramente empírica. (Kelsen ressalva, com sentido acautelatório ou prudencial, que, na ausência de regras que conferissem a determinado órgão decidir, definitivamente, se determinada norma individual efetivamente corresponde à norma geral, "a custo se formaria uma decisão judicial que vinculasse uma das partes".)

A conclusão a que se chegou acima, por intermédio da noção de *coisa julgada* (uma decisão fora da moldura pode produzir norma jurídica), entretanto, suscita, ao menos, dúvidas relevantes sobre a noção de moldura em Kelsen. Sendo esta noção importante no argumento, as dúvidas não podem ser contornadas. De fato, segundo o próprio Kelsen, as normas de direito positivo produzem uma moldura para a decisão judicial cujos limites são fixáveis por intermédio de ato cognitivo. Se a moldura pode ser desconsiderada, o que persiste da descrição feita por Kelsen do processo de interpretação?

Independentemente dessa consideração, a distinção entre *moldura* e *decisão* já é, por si, problemática. Se só se pode saber qual regra é aplicável após o transcurso de todas as fases da interpretação; não se pode segregar, de maneira tão marcada, o processo de identificação da norma aplicável e o processo de decisão com base na norma identificada.

Em outras palavras: Kelsen não problematiza, ou problematiza muito pouco, as dificuldades na própria identificação de qual a norma aplicável, praticamente pressupondo como dada sua incontroversa consideração.[16]

15. Idem, pp. 365 e 333.
16. Como afirma Stanley Paulson: "Indeterminacy is more than a problem within the scope of the norm, it is also a problem of delineating the scope itself. Thanks to indeterminacy, there is no way dispositively to settle where the line of demarcation

Adicionalmente, a hipótese, não apenas não descartável mas antes mesmo necessária, de decisão fora da moldura – que representa a preponderância determinante do momento volitivo sobre o momento cognitivo da interpretação – pode tornar a noção de moldura inteiramente dispensável.

A não ser que Kelsen se referisse à hipótese de decisão fora da moldura, qualificada por trânsito em julgado, como excepcional. Se fosse assim, entretanto, parece-nos que a preservação da noção de moldura pressuporia o retorno pela porta dos fundos de elemento empírico que havia sido expulso pela porta da frente da teoria.[17]

Ressalve-se, para evitar simplificações apressadas, que a noção de "cognição" para Kelsen não é tão ingênua quanto suas poucas observações sobre o processo de fixação da moldura (simples "ato de intelecção", pelo exercício da "razão") dão a entender. Para Kelsen o objeto do conhecimento também é "construído" pelo sujeito do conhecimento no

falls in establishing the scope of the norm" ("Kelsen on legal interpretation", in *Legal Studies* 10/151, Londres, LexisNexis Butterworths, 1990).

17. Tomamos a citação a seguir, portanto, como expressão de "política jurídica" kelseniana, não de Ciência do Direito: "Poder-se-ia argumentar que, em consequência do princípio da coisa julgada, toda decisão judicial, também uma não correspondente às normas jurídicas gerais, materialmente determinadas, pode entrar em vigor, e conduz a um resultado que é o mesmo que uma autorização jurídico-positiva ao juiz para decidir casos concretos segundo seu arbítrio e especialmente segundo princípio por ele tido como justo. Sim, existe, aqui, a diferença de que se valem normas jurídicas gerais, cujo sentido é o de que elas devem ser aplicadas pelos tribunais, na maioria dos casos, os tribunais aplicam efetivamente essas normas jurídicas, e que decisões judiciais que não correspondem a essas normas só excepcionalmente entram em vigor" (Hans Kelsen, *Teoria Geral das Normas*, cit., p. 319). Como sugere Bulygin ("Cognition and interpretation of Law", in Letizia Gianformagio e Stanley Paulson (orgs.), *Cognition and Interpretation of Law*, vol. 3, Turim, Giappichelli, 1994, pp. 12-35): "Kelsen's mistakes are nearly always illuminating and much can be learnt from them" (p. 11). Uma alternativa – que internalizaria o caráter de excepcionalidade à decisão fora da moldura sem colocar fundamentalmente em questão a "pureza" da teoria – talvez fosse a de definir a moldura como o conjunto dos casos paradigmáticos ou típicos, não como a totalidade das soluções juridicamente admissíveis. Essa alternativa não é cogitada por Kelsen, nem, a nosso ver, a ele interessaria. Outra alternativa seria defender que a própria noção de *norma* pressupõe a distinção entre regra e exceção, o que, embora possivelmente correto no mérito, não foi objeto de tratamento por Kelsen nas obras examinadas, salvo se se decidir extrair a ideia diretamente das observações kelsenianas de "mínimo de eficácia", reconhecidamente obscuras e pouco desenvolvidas. Aliás, para um desenvolvimento heterodoxo do ponto de vista exegético mas ortodoxo quanto ao rigor das implicações, v. as interessantes sugestões de Luís Schuartz sobre a noção de "mínimo de eficácia" em "Universalização dos fins e particularização dos meios", *Revista Direito GV* 5/359-376, n. 2, São Paulo, julho-dezembro/2009.

ato de conhecer. Percebe-se aí a ressonância de tema caro ao seu (neo) kantismo. Sustentação a essa afirmação é encontrável em passagens como a seguinte:

> Também é verdade que, no sentido da teoria do conhecimento de Kant, a Ciência Jurídica como conhecimento do Direito, assim como todo o conhecimento, tem caráter constitutivo e, por conseguinte, "produz" o seu objeto na medida em que o apreende como um todo com sentido. Assim como o caos das sensações só através do conhecimento ordenador da ciência se transforma em cosmos, isto é, em natureza como um sistema unitário, assim também a pluralidade das normas jurídicas gerais e individuais postas pelos órgãos jurídicos, isto é, o material dado à Ciência do Direito, só através do conhecimento da ciência jurídica se transforma num sistema unitário isento de contradições, ou seja, numa ordem jurídica.[18]

Evidentemente, o interesse de Kelsen ao enfatizar o momento volitivo é distinguir a escolha de curso de ação que o cidadão que pretende observar uma norma cujo sentido seja plurívoco também deve efetuar, ou da escolha de curso de ação sugerida ou preferida pelo cientista do Direito, da escolha do intérprete autêntico, que as vincula e sobre as quais prevalece.[19] Se não fosse assim, a "vontade" seria parte do primeiro momento também; ou, melhor, não haveria momentos separados, e essa explicação não daria conta da diferença entre cientistas do Direito, cidadãos e juízes. Por isso, Kelsen é célere ao distinguir o caráter constitutivo do conhecimento do caráter constitutivo da interpretação autêntica. Em seguida à passagem citada acima, observa:

> Esta "produção", porém, tem um puro caráter teórico ou gnosiológico.[20] Ela é algo completamente diferente da produção de objetos

18. Kelsen, *Teoria Pura do Direito*, cit., 6ª ed., pp. 112-113.

19. "[O] próprio indivíduo suspeito de homicídio pode confessar ou negar o fato. Se uma norma deve ser aplicada, só *uma* opinião deve prevalecer. Qual, é o que tem que ser determinado pela ordem jurídica. (...). Unicamente *[a opinião que se exprime na decisão do tribunal]* é juridicamente relevante, sendo a opinião de todos os outros juridicamente irrelevante" (Hans Kelsen, *Teoria Pura do Direito*, cit., p. 331). O "afunilamento" das opiniões à opinião do tribunal é, evidentemente, uma condição de administração da crescente complexidade da sociedade; a ideia segundo a qual não há um momento volitivo que seja definitivo, salvo o momento volitivo seguinte, é, paradoxalmente, sua contrapartida.

20. Entendemos "teórico", nessa passagem, como marcando a distinção entre crenças e ações. Se crenças forem entendidas como "hábitos ou regras de ação", entretanto, a ressalva de Kelsen se sustentaria? Que *status* deve ser dado, nesse sentido,

pelo trabalho humano ou da produção do Direito pela autoridade jurídica.[21]

À luz dessas considerações, é evidentemente possível uma leitura "decisionista" ou "radicalmente cética" pela qual Kelsen teria pretendido enfatizar o caráter "arbitrário" da interpretação, exatamente para marcar, com tintas fortes, o momento em que as considerações jurídicas se separam das considerações extrajurídicas e revelar, da maneira mais explícita possível, os limites da Ciência do Direito, expondo as injunções de teorias morais, religiosas ou políticas na interpretação jurídica, pelo que são.[22] Essa leitura conta com apoio textual direto, como já visto.[23]

Entretanto, parece-nos que esse resultado, se levado ao limite, colocaria em questão a própria subsistência do caráter normativo do Direito (reduzindo o dever-ser a ser) e reduziria Kelsen à caricatura mais grotesca dos realistas jurídicos (algo como "Direito é o que o juiz diz que é"), que ele mesmo tanto criticou. O Direito passaria a ser constituído apenas por normas individuais, não por normas gerais e individuais – o que também é inadmissível do ponto de vista da preservação da estrutura escalonada do ordenamento.

à afirmação, quase perdida em sua obra póstuma: "Se uma norma jurídica é inequivocamente formulada – o que, como dito, é possível –, é impossível sua exclusão por boa vontade de um juiz normalmente inteligente" (Hans Kelsen, *Teoria Geral das Normas*, cit., p. 439, nota 131). V. observação similar na nota 145 da mesma obra (p. 459). Trata-se de uma proposição da Ciência Jurídica ou de política do Direito? Seria por essa via que a ideia de moldura recuperaria seu sentido? Neste ponto já faz sentido indagar se a estrutura do pensamento de Kelsen sobre o tema é passível de resgate.

21. Hans Kelsen, *Teoria Pura do Direito*, cit., p. 113.
22. Paulson nota como para Kelsen é inaceitável que, na condição de cientistas, juristas "pursue (...) the interpretation that seems most promising and adduce arguments for it" (ob. cit.).
23. Os comentadores dividem-se, neste ponto, entre abandonar como erradas ou irrelevantes as considerações de Kelsen sobre coisa julgada ou concluir que elas colocam seriamente em questão a sustentabilidade da Teoria Pura (promovida por Kelsen). V.: E. Bulygin, "Some replies to critics", in Letizia Gianformagio e Stanley Paulson (orgs.), *Cognition and Interpretation of Law*, vol. 3, Turim, Giappichelli, 1994, p. 312): "I still do not see why we cannot remove from *[the **Pure Theory of Law**]* both the tacit alternative clause *[uma norma implícita, associada a cada outra norma, pela qual se autoriza à autoridade competente a criação de normas com qualquer conteúdo e que Bulygin toma como um pressuposto necessário do raciocínio de Kelsen]* and the particular interpretation that Kelsen gives to the *res judicata* principle"; a "tacit alternative clause" é "disastrous. It has such catastrophic consequences for the *Pure Theory of Law* that it can hardly be taken seriously" (p. 17); e Juan Ruiz Manero, "On the tacit alternative clause", in Letizia Gianformagio e Stanley Paulson (orgs.), *Cognition and Interpretation of Law*, vol. 3, Turim, Giappichelli, 1994, pp. 245-255.

Não é o propósito deste tópico o de tentar "resgatar" a teoria kelseniana dessas dificuldades evidentes.[24] Bastaria, aliás, registrá-las. Entretanto, adiantando um pouco algumas de nossas observações posteriores, parece-nos que uma teoria que enfatiza a irredutibilidade do elemento de criação da norma individual pelo juiz não precisa se tornar uma teoria decisionista.

A hipótese decisionista nos parece pressupor noções excessivamente restritas de norma e da relação de determinação entre normas (no caso de Kelsen, superiores e inferiores). Para que a hipótese decisionista tenha valor, precisa subscrever à noção de norma com "enunciado normativo explícito" e de determinação como relação ou causal ou lógica entre enunciados. Como uma relação causal só se poderia imaginar, nesse contexto, psicologicamente, exclui-se a causal, preservando apenas a lógica.

Mas não seria preciso ir longe para criticar tais noções. O próprio Kelsen o faz. A noção de norma de que se vale a teoria pura não é uma "regra explícita", mas um *sentido*:

> Com o termo "norma" se quer significar que algo deve ser ou acontecer, especialmente que um homem se deve conduzir de determinada maneira. É este o *sentido* que possuem determinados atos humanos que intencionalmente se dirigem à conduta de outrem. [*Grifo nosso*].[25]

---

24. A tentativa de Bulygin enfrenta sérias dificuldades no texto do próprio Kelsen quanto a pontos muito caros a este. Por exemplo, ele nota, corretamente (segundo Kelsen), que: "A decision based on a false statement of fact is lawful or valid in the sense that it produces all legal effects and cannot be altered (apart from possibilities of appeal or review by a higher court), but it can nevertheless be criticized as erroneous or incorrect. It makes plain sense to say that the decision of a tribunal (even of a supreme court) is wrong, though such criticism is external to the legal process and has no direct legal effects" (Bulygin, "Cognition and interpretation of Law", cit., in Letizia Gianformagio e Stanley Paulson (orgs.), *Cognition and Interpretation of Law*, vol. 3, p. 21). Mas Bulygin contraria Kelsen diretamente ao efetuar a seguinte passagem: "(...) from this, *[Kelsen]* jumps to the conclusion that it makes no sense to discuss the correctness of a final judicial decision, which is tantamount to declaring that judges are infallible. This is certainly not the case" (p. 22). Evidentemente, não é o caso, mas também não é o caso de atribuir a Kelsen a afirmação de que "it makes no sense to discuss the correctness of a final judicial decision". Kelsen não nega a possibilidade de fazê-lo, desde que assuma sua crítica como uma crítica política, moral, social, interessada etc.

25. Kelsen, *Teoria Pura do Direito*, cit., p. 21. A interpretação mais original e interessante que encontramos sobre essa noção de normatividade em Kelsen é a de Schuartz ("A práxis recalcada na teoria da norma de Hans Kelsen", in Luís F. Shuartz, *Norma, Contingência e Racionalidade. Estudos Preparatórios para uma Teoria da Decisão Jurídica*, Rio de Janeiro, Renovar, 2005), cujas implicações mereceriam estudo à parte.

Da mesma forma, a noção de determinação não tem caráter lógico.[26] A relação de determinação entre normas tem, diversamente, caráter de *fundamentação*.

A referência a essas ideias basta, por ora, para enfatizarmos outro aspecto do pensamento kelseniano, que chamamos de "institucional" e que contrapomos ao decisionismo. Nesse sentido, o que falta ao cientista do Direito ou ao cidadão é, claramente, autoridade. Mas, para dar sentido não trivial a essa noção, devemos excluir os elementos "voluntaristas" ou "subjetivistas" associados à ideia de autoridade. Autoridade entendida não como uma pessoa ou, mesmo, um órgão que impõe sua vontade, mas como um complexo de relações, um conjunto estruturado de práticas e instituições.

Seria preciso, assim, distinguir dois aspectos na ideia de autoridade: um, próximo à ideia de subjetivismo (que acentuaria os elementos da sobredeterminante força da "vontade", sobretudo entendida em termos psicológicos, de imposição da vontade do juiz); outro, a ideia de que a solução não está prefigurada no problema, que há um tipo de "salto" necessário de uma à outra, mas que esse salto está sempre inserido em uma prática normativa e institucionalmente estruturada. A leitura decisionista supõe que toda decisão é tomada em um vácuo, produzindo efeitos por si (em direito dos negócios, diríamos que presume toda decisão como uma *one-shot transaction*).

O respaldo textual também é explícito nesse caso:

> [A] possibilidade de predeterminar as normas individuais que hão de ser produzidas pelos tribunais através de normas gerais criadas por via legislativa ou consuetudinária é consideravelmente limitada. Porém, este facto não justifica a concepção (...) segundo a qual antes da decisão não haveria Direito algum, a ideia de que todo o Direito

---

26. Bulygin, por exemplo, entende a relação de determinação como lógica: "*[Kelsen, em trabalhos posteriores à 2ª edição da "Teoria Pura"]* speaks of a relation of *Entsprechung* (correspondence) between a general and an individual norm, which can hardly be anything else but the logical relation of entailment or consequence". É fato que podem ser encontrados textos de Kelsen em que a relação de correspondência se "assemelha" a uma relação de consequência lógica. Entretanto, novamente a afirmação de Bulygin precisa superar elementos centrais do pensamento kelseniano para afirmar que esse é seu caráter necessário – por exemplo, como pode ser de natureza lógica a passagem de uma norma superior que estabelece apenas a competência para a criação de nova norma por determinado órgão? A noção de fundamentação compreende a noção de consequência lógica, evitando sua redução a ela (v. Kelsen, *Teoria Geral das Normas*, cit., *passim*).

é Direito dos tribunais, de que não haveria sequer normas jurídicas gerais, mas apenas normas jurídicas individuais.[27]

Para ter sentido, portanto, autoridade não seria equivalente ao que costumamos designar como "a vontade do soberano" ou "a vontade do juiz", mas uma questão normativa – ela é criada, *inter alia* (mas de maneira proeminente entre elas), pelo complexo institucional que empírica e contingencialmente se exprime na obrigação de decidir (*non liquet*), absolutamente presumida e inquestionada no raciocínio kelseniano, e no conceito de coisa julgada. De fato, mesmo a interpretação mais radical do pensamento de Kelsen quanto este aspecto deve pressupor que a norma que atribui competência para a tomada de decisão com efeito de coisa julgada seja "determinada". Ou seja: o suposto decisionismo pressuporia regras!

A distinção formulada implica que a "solução" de um caso pode ser, genuinamente, criada, produzida, em sentido relevante, sem que essa circunstância, necessariamente, se assimile à circunstância de produção de "arbítrios".

Parece-nos, portanto, que essa leitura não é apenas mais rica do que a leitura decisionista (inclui o que a outra tem de verdadeiro e abre caminho para outras hipóteses interessantes), mas também a que mais faz justiça à obra de Kelsen.

A partir dessa leitura do momento volitivo em Kelsen, formulamos hipótese geral: a indeterminação da decisão judicial não é característica fixa ou *a priori* do Direito ou um resultado da "natureza" da linguagem ou dos métodos de raciocínio jurídico. Ela varia, relevantemente, como uma função (historicamente localizável e, portanto, sujeita a variação) dos arranjos institucionais que estruturam as decisões e como estas são entendidas e aplicadas.

Não estamos atribuindo essa hipótese geral a Kelsen. De qualquer forma, apesar de não ser nele encontrável explicitamente e de poder não refletir a totalidade de suas afirmações, ela nos parece compatível com a direção geral do seu raciocínio.[28]

27. Kelsen, *Teoria Pura do Direito*, cit., p. 367.
28. Apesar de Kelsen não demonstrar disposição – pelo menos para os fins limitados da Teoria Pura – para sugerir como tarefa peculiar da teoria jurídica a análise e a discussão de tais arranjos institucionais, a hipótese geral formulada acima torna saliente precisamente o tipo de trabalho que Kelsen assumiu e executou com relação ao desenho institucional da Áustria no entre-guerras, ainda que para ele esse fosse um trabalho tipicamente caracterizado como de política jurídica. Sobre a participa-

3.2 Casos controversos e incontroversos em H. L. A. Hart

3.2.1 Observações preliminares

Retomemos nossos problemas: existe indeterminação na decisão judicial e, em caso afirmativo, o que a explica e qual sua medida? Essa indeterminação apresenta, ou não, dificuldades para a aplicação do Direito? Com base em que critérios uma decisão, quando o enunciado normativo é indeterminado, é tomada?

Apesar das nuanças e complexidades por que passa a teoria kelseniana, exploradas no tópico anterior, ela oferece respostas diretas a essas perguntas. O mesmo ocorre com a teoria jurídica de Herbert Lionel Adolphus Hart, e, dado o caráter paradigmático de sua resposta, nossa investigação se justifica. [29]

O objeto deste item, portanto, é entender como Hart responde ao problema da indeterminação da decisão judicial e avaliar o sentido e o alcance de sua distinção entre casos normais e casos na penumbra do Direito.

3.2.2 O argumento

As ideias centrais de Hart a respeito do tema podem ser assim esquematizadas:

(i) O Direito é majoritariamente composto por regras não necessariamente morais.

ção de Kelsen na elaboração da Constituição austríaca de 1920, v. a segunda parte do estudo de Giorgio Bongiovanni, *Reine Rechtslehre e Dottrina Giuridica dello Stato*, Milão, Giuffrè, 1998, e o breve artigo de Stanley Paulson, "On Hans Kelsen's role in the formation of the Austrian Constitution and his defense of constitutional review", in Werner Krawietz e outros (eds.), *The Reasonable as Rational? On Legal Argumentation and Justification, Festschrift for Aulis Aarnio*, Berlim, Duncker & Humblot, 2000, pp. 385-395.

29. Esta análise toma um conjunto de textos como representativos do pensamento do autor sobre o tema: (i) o livro *The Concept of Law* (2ª ed., Oxford, Oxford University, 1994, originalmente publicado em 1961, com atenção não apenas ao seu famoso Capítulo 7, mas também a trechos menos explorados, como aqueles pertinentes à caracterização do Direito Internacional como Direito); (ii) o *postscriptum* postumamente publicado a esse mesmo livro; (iii) o artigo "Positivism and the separation between Law and Morals", *Harvard Law Review* 71/593 (1958); e (iv) "Definition and theory in jurisprudence", 29 *Proceedings of Aristotelian Society* 213 (1955). Embora possam ser identificadas algumas diferenças de ênfase entre tais textos, nos parecem apontar, em geral, para uma mesma direção.

(ii) Tais regras determinam a decisão judicial em "casos normais" (*plain cases*). E, portanto:

(iii) A indeterminação do Direito é questão apenas em certos casos, aqueles não regulados ou aqueles regulados por expressões vagas ou ambíguas (casos de penumbra).

O ponto de partida intelectual de Hart neste tema é seu esforço por se distinguir tanto dos "formalistas" quanto dos "céticos com relação a regras" (*rule-skeptics*), duas teorias do Direito que responderiam à questão da indeterminação das regras jurídicas de modo mais exagerado, para um lado ou para outro, do que ele considera adequado.

Segundo ele, a tese principal dos formalistas seria a de que o significado linguístico das palavras que compõem as regras jurídicas é rigidamente predeterminado de antemão e pode ser formulado em termos de condições necessárias e suficientes, de sorte que qualquer situação de fato levada ao conhecimento do órgão aplicador poderá ser classificada como obedecendo ou violando a regra empregada, de maneira inequívoca e independentemente de quaisquer outras considerações ou consequências.[30]

A tese principal dos céticos (que Hart claramente identifica com realistas jurídicos estadunidenses) seria a de que o significado linguístico de qualquer regra é sempre e irremediavelmente indeterminado, razão pela qual não faz sentido dizer, em qualquer caso, que os juízes estão vinculados a essas mesmas regras. Na verdade, é como se a própria noção de regra fosse descartada como irrelevante. Afirmariam estes, portanto, que os casos jurídicos não têm solução prevista que não seja uma solução política ou ideológica ou reflita outra preferência interessada ou parcial de quem decide.[31]

Hart trata tais posições como pontos extremos de um espectro e sugere, a partir de uma análise da "natureza da linguagem", que uma posição intermediária seria mais adequada: a atividade interpretativa, voltada à decisão judicial, seria estritamente conformada por regras jurídicas em casos que se encaixassem no "núcleo" (*core*) de significado

---

30. Hart, *The Concept of Law*, cit., 2ª ed., pp. 129-130. Essa caracterização não precisa ser tomada como uma caricatura – talvez um tipo ideal, similar à citação de Weber na nota de rodapé 11 do Capítulo 2 deste trabalho, corresponde a postulado necessário do "Direito atual" (na face em que espelha a racionalidade lógico-formal).

31. Hart, *The Concept of Law*, cit., 2ª ed., pp. 136 e ss. O autor aponta a existência de diferentes variedades de ceticismo em relação ao papel das regras na decisão judicial. Para fins de confronto com o formalismo, sua análise se concentra em versão bastante "moderada" de ceticismo – que reconhece, por exemplo, a autoridade de regras secundárias.

da regra, sendo tais casos decididos "mecânica ou automaticamente" (por intermédio de silogismo simples), como afirmam os "formalistas", porém discricionária em casos em que a regra assumisse (por motivos explicitados abaixo) mais de um significado, sendo o critério de decisão, nesses casos, indeterminado, como afirmam os "céticos".[32] Nesta última circunstância, tratamos dos casos na margem (*fringe*), na penumbra da regra, por contraste ao núcleo.

Em resumo, com alguma licença poética, é como se a solução proposta por Hart ao problema da indeterminação jurídica convencional fosse: somos formalistas em casos normais e céticos em casos de penumbra. Ele define seu ponto intermediário, portanto, não combinando os elementos dos modelos teóricos, mas distinguindo os casos em que se aplicam. É solução indubitavelmente inteligente.

Como mencionado, a diferença entre casos normais e casos na penumbra do Direito, segundo as formulações mais enfáticas de Hart, está baseada na natureza da linguagem,[33] mais especificamente em teoria que entende o significado das palavras a partir da maneira como são usadas.[34] Casos nucleares são aqueles em que o sentido das palavras que compõem a regra é incontroverso ou não problemático; e casos na penumbra são aqueles em que seu sentido é incerto ou, mais especificamente, casos em que um sentido usualmente tido como estável e empregado de forma regular se torna incerto diante de conjunto específico de fatos. Nestes, apresentar o raciocínio judicial sob uma forma lógico-dedutiva não seria suficiente ou, mesmo, útil. Uma vez que "a lógica silencia sobre como classificar fatos" – justamente "o coração de uma decisão judicial" (isto é, a classificação de fatos sob normas), segundo Hart –, em um caso de penumbra a apresentação da decisão sob forma silogística obscurece o fato fundamental de que as convenções linguísticas da comunidade não apontam univocamente para o enquadramento ou não enquadramento da

---

32. Sobre a ideia de que, para Hart, a "verdade está no meio", v. *The Concept of Law*, cit., 2ª ed., p. 147.

33. "[T]here is a limit, inherent in the nature of language to the guidance which general language can provide (...)" (Hart, *The Concept of Law*, cit., 2ª ed., p. 126).

34. As referências principais de Hart, quanto à teoria da linguagem que associa significado a uso, são John L. Austin e os escritos do "segundo" Ludwig Wittgenstein, este, sobretudo, por intermédio de um discípulo (com quem Wittgenstein vem a romper), Friedrich Waissman. O fato de que a referência principal de Hart é a tais autores não significa que seu entendimento deles seja, em todos os pontos, correto. A nosso ver, como indicado no texto a seguir, Hart oscila entre um entendimento de regra como enunciado verbal e como prática normativa, e essa oscilação tem consequências relevantes para os argumentos que apresenta.

situação fática nas categorias com as quais a norma em questão é construída e que, portanto, a decisão representa um tipo de escolha.[35]

O espaço para "discricionariedade" na interpretação e aplicação das normas jurídicas em casos que não têm uma resposta determinada é atribuído por Hart a dois fatores: a chamada – e famosa – textura aberta da linguagem (*open texture of language*)[36] e a incompletude necessária, e por vezes desejável, dos objetivos legislativos. Entretanto, a despeito da distinção de Hart, e como se depreende da definição de textura aberta referida na nota anterior, os dois casos podem ser tratados da mesma forma: a possibilidade de surgirem circunstâncias não previstas nas regras.[37]

35. "If in such cases doubts are to be resolved, something in the nature of a choice between open alternatives must be made by whoever is to resolve them" (Hart, *The Concept of Law*, cit., 2ª ed., p. 127). Ou, em outra passagem na mesma página: "The discretion thus left to him by language may be very wide; so that if he applies the rule, the conclusion, even though it may not be arbitrary or irrational, is in effect a choice" (p. 127). V. também H. Hart, "Positivism and the separation of Law and Morals", *Harvard Law Review* 71/610. Para enfatizar a qualidade da linguagem como atividade propriamente "humana" que cria objetos a que se refere, diz-se que ela produz "convenções". Donald Davidson, entretanto, sugere cautela com o uso dessa terminologia, que pode levar à percepção de que as criações são sempre conscientes e deliberadas, como se a linguagem fosse conjunto de estipulações de sentido.

36. *Open texture of language* é a tradução que recebeu em língua inglesa a expressão *Porosität der Begriff*, originalmente formulada por Friedrich Waismann (v. Friedrich Waismann, "On verifiability", in *Proceedings of Aristotelian Society*, vol. XIX, 1945, reimpresso in Antony Flew (org.), *Logic and Language*, Oxford, Blackwell, 1951). Ele a caracteriza em "On verifiability" como "the fact that most of our empirical concepts are not delimited in all possible directions *[sobretudo, segundo condições necessárias e suficientes]*. (...). [W]e can never exclude altogether the possibility of some unforeseen situation arising in which we shall have to modify our definition. Try as we may, no concept is limited in such a way that there is no room for any doubt. (...). [W]e cannot foresee completely all possible conditions in which (terms that occur in empirical statements) are to be used; there will always remain a possibility, however faint, that we have not taken into account something or other that may be relevant to their usage; and that means that we cannot foresee completely all the possible circumstances in which the statement is true or in which it is false. There will always remain a margin of uncertainty" (Parte I). Waismann distingue sutilmente a textura aberta da noção de vagueza: "Open texture, then, is something like *possibility of vagueness*. Vagueness can be remedied by giving more accurate rules, open texture cannot. An alternative way of stating this would be to say that definitions of open terms are always corrigible or emendable" (Parte I).

37. Cf.: George P. Baker, "Defeasibility and meaning", in Hacker e Raz (eds.), *Law, Morality, and Society: Essays in Honour of H. L. A. Hart*, Oxford, Clarendon Press, 1977, p. 37; e Nicos Stravopoulos, *Objectivity in Law*, Oxford, Clarendon, 2006, pp. 65 e ss.

Fundamentalmente, a resolução de casos de penumbra envolve o recurso a critérios não estritamente jurídicos, com os quais o juiz constrói o caminho da regra até a decisão – caminho deixado parcialmente em aberto pelo Direito –, como, por exemplo, critérios morais ("devo tomar a decisão mais justa") ou econômicos ("devo tomar a decisão mais eficiente"), como se o aplicador do Direito se colocasse no papel de legislador (consciente).[38]

3.2.3 O contexto subjacente à ideia "casos fáceis"

A rigor, Hart não chega sempre a afirmar que em casos de penumbra a decisão do juiz é inteiramente desprovida de critérios, mesmo de critérios que poderiam ser considerados propriamente jurídicos. Em momentos mais sutis, sua formulação é matizada: os critérios de decisões em casos de penumbra são extensões razoavelmente extraídas de elementos de casos paradigmáticos.[39]

Apesar de reconhecer a indeterminação de determinados textos normativos, Hart ressalva que "we must not disguise the fact that both the framework within which they take place and their chief end-product is one of general rules".[40] Por essa via é possível notar que a discussão do papel das *general rules* deixa de ser estritamente linguístico e se reporta à função que cumprem em relação aos objetivos que o autor atribui ao Direito. De fato, segundo Hart, todos os sistemas jurídicos contêm al-

---

38. Um dos pontos nos quais Hart insiste é que, quando decidem casos de penumbra, os juízes estão na verdade expressando sua percepção de *como o Direito deveria ser* (por mais que apresentem a decisão como uma aplicação do *Direito como ele é*).

39. "*[Em casos de penumbra]*, all that the person called upon to answer can do is to consider (as does one who makes use of a precedent) whether the present case resembles the plain case 'sufficiently' in 'relevant' respects. (...). He chooses to add to a line of cases a new case because of resemblances which can reasonably be defended as both legally relevant and sufficiently close. In the case of legal rules, the criteria of relevance and closeness of resemblance depend on many complex factors running through the legal system and on the aims or purpose which may be attributed to the rule. To characterize these would be to characterize whatever is specific or peculiar in legal reasoning" (Hart, *The Concept of Law*, cit., 2ª ed., p. 127).

40. Hart, *The Concept of Law*, cit., 2ª ed., p. 136. O pressuposto da afirmação, evidentemente, é a distinção entre regras primárias e regras secundárias do Direito: no vocabulário do autor as primeiras têm por objeto condutas (que qualifica como proibidas, permitidas ou obrigatórias); as segundas têm por objeto outras normas, dividindo-se em regras ligadas ao câmbio (tratam de como as normas mudam), à adjudicação (tratam de como são aplicadas por órgãos oficiais) e ao reconhecimento (tratam da identificação de que normas pertencem ao sistema).

gum tipo de compromisso entre duas necessidades sociais: "the need for certain rules which can, over great areas of conduct, safely be applied by private individuals to themselves without fresh official guidance or weighing up of social issues" (que poderíamos resumir como *certeza ou segurança*), e "the need to leave open, for later settlement by an informed, official choice, issues which can only be properly appreciated and settled when they arise in a concrete case" (que poderíamos resumir como *flexibilidade ou adaptabilidade*).[41]

Apesar de serem dois objetivos reconhecíveis, a regulação por regras gerais, de sentido incontroverso, é aquela prevalecente na vasta maioria dos casos:

> If it were not possible to communicate general standards of conduct, which multitudes of individuals could understand, without further direction, as requiring from them certain conduct when occasion arose, nothing that we now recognize as law could exist. Hence the law must predominantly, but by no means exclusively, refer to classes of person, and to classes of acts, things, and circumstances; and its successful operation over vast areas of social life depends on a widely diffused capacity to recognize particular acts, things, and circumstances as instances of the general classifications which the law makes. (...). General terms would be useless to us as a medium of communication unless there were such familiar, generally unchallenged cases.[42]

O papel prevalecente das regras gerais, por sua vez, resulta diretamente da atribuição ao Direito do papel de "controle social".[43]

Várias críticas a Hart costumam identificar o emprego de critérios extrajurídicos em casos de penumbra com o reconhecimento de algum tipo de irracionalidade no Direito. Como fugir da arbitrariedade se o juiz pode se valer de critérios não jurídicos? Tais críticas buscariam, então, responder a esse suposto problema de racionalidade postulando o caráter propriamente jurídico de determinados valores ou princípios, de tal forma que se pudesse afirmar que o juiz não está livre de considerações jurídicas, porém adstrito e conformado por elas.

Ainda assim, no entanto, esse não é problema reconhecido por Hart. Para ele não há identificação entre "possibilidade de emprego de critérios

---

41. Hart, *The Concept of Law*, cit., 2ª ed., p. 130. Kelsen menciona distinção muito similar em *Teoria Pura do Direito*, cit., 6ª ed., pp. 343-350.

42. Hart, *The Concept of Law*, cit., 2a ed., p. 125.

43. "General rules, standards, and principles must be the main instrument of social control" (Hart, *The Concept of Law*, cit., 2a ed., p. 125).

não jurídicos" e "irracionalidade". Para ele essa "possibilidade" é natural e, mesmo, necessária. Crítica mais interessante, a nosso ver, seria aquela que analisasse em que medida a própria distinção entre casos normais e casos na penumbra é convincente. Ou seja: a ideia-problema talvez seja a de casos normais, não a de casos de penumbra, e a discussão daquela talvez ilumine a desta.

Lon L. Fuller é um dos autores que mais diretamente tratam do assunto, em artigo que procura responder a críticas feitas por Hart à sua teoria jurídica.[44] Foco central do mencionado artigo de Fuller é precisamente a caracterização do processo de interpretação apresentado por Hart, em especial no que concerne à distinção entre casos que se localizam no núcleo e casos que se localizam na penumbra quanto à aplicação dos termos de uma regra: Fuller indaga se é possível, em qualquer caso dado, interpretar uma palavra em uma lei sem fazer interpretação também de quais são os propósitos daquela lei. Ele observa que ao interpretar uma regra não se procede simplesmente colocando a palavra em contexto geral informe, "definindo o significado do termo", mas, sim, perguntando: Para quê serve esta regra? O que ela pretende evitar? Quais bens ela promove?

Fuller reconstrói as teses centrais de Hart da seguinte forma:

> In applying the word to its "standard instance", no creative role is assumed by the judge. He is simply applying the law "as it is". In addition to a constant core, however, words also have a penumbra of meaning which, unlike the core, will vary from context to context. When the object in question (say, a tricycle) falls within this penumbral area, the judge is forced to assume a more creative role.[45]

Nesse cenário, ele afirma que a teoria de Hart gira em torno da equivocada noção de que o cerne dos problemas de interpretação de normas jurídicas está no significado de palavras individuais. Tanto na aplicação de precedentes quanto de textos legais, Fuller observa que usualmente atribuímos significado não a uma única palavra, mas sim a

44. Lon L. Fuller, "Positivism and fidelity to Law – A reply to Professor Hart", *Harvard Law Review* 71/630, n. 4, 1957-1958. O embate entre os dois autores, registrado sob a forma de artigos, permanece até hoje, no mundo acadêmico anglo-saxão, como objeto definido de estudo sob o rótulo "O Debate Hart-Fuller". Tal objeto foi recentemente objeto de "Conferência de 50 Anos" na Faculdade de Direito de Columbia (v. *http://www.law.nyu.edu/journals/lawreview/issues/vol832008/number4/index.htm*, acesso em 31.1.2011).

45. L. Fuller, "Positivism and fidelity to Law – A reply to Professor Hart", cit., *Harvard Law Review* 71/662.

frases, parágrafos ou até mesmo a uma página inteira – mais ainda, que essa atribuição de sentido é condicionada pela finalidade que atribuímos (extraímos da norma, para ser mais fiel às ideias de Fuller) à norma jurídica em questão. Para esclarecer seu ponto, ele desafia Hart com vários contraexemplos hipotéticos, entre os quais o famoso caso do monumento da II Guerra Mundial dentro do parque em que a entrada de veículos é proibida (segundo o exemplo hipotético mais conhecido de Hart):

> What would Professor Hart say if some local patriots wanted to mount on a pedestal in the park a truck used in World War II, while other citizens, regarding the proposed memorial as an eye-sore, support their stand by the "no vehicle" rule? Does this truck, in perfect working order, fall within the core or the penumbra?[46]

O que Fuller pretende mostrar com seu hipotético caminhão? Dentro da comunidade linguística anglo-saxônica haveria pouca ou nenhuma dúvida quanto ao enquadramento de um caminhão desativado como um "uso-padrão" da palavra "veículo". Ainda assim é plausível supor que muitos juízes não se sentiriam à vontade em dizer que a resposta evidente para o caso é a de que a entrada do caminhão deve ser permitida – ou, no mínimo, que não é evidente que a entrada do caminhão deve ser proibida. O que torna esse um caso fácil (ou um caso difícil no qual a incidência da proibição não é evidente) não é o fato de estarmos ou não diante de um "uso-padrão" da palavra "caminhão", mas, sim, a interação entre as palavras com que a norma é construída e o propósito para o qual foi construída. No caso, Fuller aposta que seria a discussão em torno do propósito da regra o centro das discussões de juízes e advogados sobre esse caso, mesmo que todos estivessem completamente de acordo quanto ao perfeito encaixe do particular "caminhão" à categoria "caminhão" prevista na norma.

Claramente, a atenção de Fuller aos propósitos da lei contrasta com a visão de linguagem que Hart pressupõe. Em especial, Fuller coloca em questão como a concepção de linguagem de Hart depende de uma concepção não suficientemente justificada de "uso normal" do termo a ser interpretado e do quanto o que conta como "uso normal" pode ser influenciado inclusive pelos propósitos subjacentes às regras em questão.

Não se trata, aqui, de avaliar em profundidade a posição do próprio Fuller quanto à indeterminação no contexto jurisdicional e que concepção ele propõe no lugar da que critica. De certa forma, Fuller faz sua descrição

---

46. Idem, p. 663.

do Direito depender de avaliação do Direito – avaliação, essa, comprometida com ideais morais que ele atribui ao Direito. Porém, interessa-nos, sobretudo, identificar fragilidade no argumento linguístico de Hart, que não costuma ser tão explorada (exceto, talvez, por seguidores de Dworkin).

De fato, para Hart, o *core* de determinada regra é o conjunto de casos incontroversos que a ela se subsumem e de elementos conceituais que definem tais casos como incontroversos. Conforme explicitado acima, a ideia de *core* é necessária exatamente para que se prescinda da avaliação do contexto ou consequências associadas à decisão sustentada nas condições que definem o *core* de determinada regra.

Isso, entretanto, em razão de conjunto de circunstâncias – contexto e consequências – relevantes (necessidade de controle social, segurança, previsibilidade etc.). É traço essencial do mecanismo, portanto, que ele se imunize marcadamente de associação com os objetivos de sua criação.

A assimilação, porém, entre a ideia de *core* e a de condições ou casos incontroversos não é infensa a objeções, fundadas nas próprias observações de Hart quanto ao funcionamento do Direito.

Em primeiro lugar, a ideia de *core* pressupõe que o Direito seja majoritariamente conjunto de regras explícitas. Entretanto, para o próprio Hart a expressão verbal não é necessária ou suficiente para caracterizar uma regra jurídica, ao passo que uma prática normativa – assim entendida a complexa interação de atitudes de crítica segundo padrões normativos (não estritamente explicitados segundo formas verbais canônicas) cujo valor de verdade não responde às próprias atitudes que o instituem – o é. Essa simplificação ou redução de regras a expressões verbais explícitas é criticada veementemente por Hart no capítulo d'*O Conceito de Direito* sobre Direito Internacional.

Em segundo lugar, a ideia de *core* pressupõe que o conteúdo de "conceitos" deixe de ser o resultado de práticas sociais (uso), para se assimilar a lista de condições necessárias e suficientes, que o próprio Hart tratou como uma visão superficial do que sejam conceitos. As condições não questionadas passam a ser identificadas com as certas. Porém, são não questionadas em razão de sua relação com determinado contexto (por exemplo, o familiar, o conhecido, o aceito ou presumido como certo), não pela ausência de relação com algum contexto.

Em terceiro lugar, pressupõe que a "novidade" do caso não pensado seja apenas parcial, afetando somente parte da prática decisória, em vez de afetar o entendimento do conceito aplicado como um todo. Por que a novidade, em vez de ser presumida simplesmente como o impensado e o não regulado, não pode colocar os casos incontroversos também em questão, deixando o conceito como um todo aberto à avaliação?[47]

Em quarto lugar, esvazia a noção de juízo. A distinção entre decisão mecânica e decisão indeterminada é estritamente mantida em Hart. Ele apenas distingue os contextos em que surgem. Então, não há espaço para o juízo jurídico, entendido como o ato que assume responsabilidade pela avaliação da relação entre circunstâncias de aplicação, casos paradigmáticos e conceitos. O fato de que qualquer lista de critérios para aplicação de determinado conceito nunca seja exaustiva é compatível tanto com a ideia de que qualquer circunstância não prevista não faça parte do conceito quanto com a ideia de que a lista inicial é que era injustificadamente restrita, e que, portanto, é o conceito que se revisa em razão da nova circunstância. Ocorre que identificar uma situação como uma coisa ou outra depende de um juízo substantivo, por exemplo, que justifique a relação de semelhança entre a nova circunstância e as características consideradas relevantes dos exemplos paradigmáticos anteriores.

Hart quer evitar que esse juízo incida em todos os casos. Mas todas as condições de aplicação de determinado conceito são revisáveis, inclusive a parte julgada incontroversa, pois até essa é dependente de um contexto (= conjunto de premissas não discutidas e cujo grau de abertura à discussão é inteiramente variável, a depender de multiplicidade ilimitada de fatores). Um exemplo de Stavropoulos é ilustrativo: não se pode afirmar que a relação entre direitos fundamentais e contratos é excluída de antemão pelo conceito de contrato.[48] Fazê-lo depende de juízo substantivo a respeito do Direito.

Diversamente do que poderia ter extraído como implicação de seu estudo de Wittgenstein, Hart parece pressupor que casos não claramente considerados na regra verbalmente formulada esgotam o conteúdo do Direito propriamente dito.[49] Essa ideia – que se encontra em Hart – parece-

---

47. Waissman já intuía a possibilidade, conforme indicado na segunda hipótese por ele contemplada a seguir: "That (a margin of uncertainty will always remain) again may mean two different things: (a) that I should get acquainted with some totally new experience such as at present I cannot even imagine; (b) that some new discovery was made which would affect our whole interpretation of certain facts" ("On verifiability", cit., in *Proceedings of Aristotelian Society*, vol. XIX, 1945 – reimpresso in Antony Flew (org.), *Logic and Language*, Parte I).

48. Stavropoulos: "[i]t is not possible to delimit in advance the sources of challenge" (*Objectivity in Law*, cit., p. 67).

49. Wittgenstein tratou do problema por intermédio do exemplo do aprendizado de regras, sobretudo matemáticas (v.: George P. Baker e Peter M. S. Hacker, *Wittgen-*

-nos confrontar-se com a noção mais sutil que ele próprio formula, em outros momentos, sobre o processo de aplicação de conceitos. A análise da aplicação de determinado conceito a um exemplo envolve um exame de circunstâncias, e valem aquelas que resultarem em semelhanças relevantes. Porém, ao afirmar que casos controversos devem ser decididos segundo critérios razoavelmente defensáveis Hart pressupõe que casos incontroversos não precisam de justificativas. Não exigir justificativa, entretanto, pode resultar: (i) da ideia pela qual podem ser decididos qualquer que seja a justificativa ou (ii) que a defesa, embora nem sempre exigida, seria possível, segundo critérios substantivos (que podem incluir, por exemplo, necessidade de previsibilidade e de alocação de poder decisório etc.). É esta última ideia que parece defensável, não a outra.

A discussão acima tem por efeito, entre outros, o de diminuir significativamente o contraste entre casos difíceis e fáceis.

A pergunta que resta parece similar àquela que foi apresentada no tópico sobre Kelsen: que restrições restam à discricionariedade, uma vez que todas as decisões, mesmo as "fáceis", passaram a ser questionáveis?

A essa pergunta Hart responde – com acerto, a nosso ver, e com elementos que poderiam tê-lo feito evitar as nuanças críticas acima – da seguinte forma: o Direito é uma prática normativa, que não se confunde com a prática de outro "jogo", em que a regra seria: vale qualquer coisa que o juiz disser. Simplesmente, diz ele, não é assim que o jogo do Direito se estrutura. A situação social que mais se assemelharia a essa seria aquela em que há um movimento para a tomada ou usurpação de poder para estabelecimento de novo regime. Nesse caso, o Direito está inteiramente em questão. Mas o simples fato de que as normas secundárias, que atribuem poder aos juízes, são preservadas põe a plausibilidade dessa situação em questão.

Duas considerações adicionais, ainda não conclusivas.

Em primeiro lugar, a nosso ver, justifica-se, à luz dessas considerações baseadas em elementos do pensamento de Hart, a classificação

stein: *Understanding and Meaning: Volume 1 of an Analytical Commentary on the Philosophical Investigations, Part I: Essays*, 2ª ed., Malden, Blackwell, 2005; e *Wittgenstein: Rules, Grammar and Necessity, Volume 2 of an Analytical Commentary on the Philosophical Investigations*, Malden, Blackwell, 1992, quanto à desnecessidade de que todos os casos devam ser antecipadamente pensados para que se possa falar em regras). Cf. Nicos Stavropoulos, *Objectivity in Law*, cit., p. 155, para a melhor explicação que já encontramos para a ideia.

kelseniana de sentenças judiciais como normas – elas também estão sempre sujeitas a ser interpretadas.

Em segundo lugar, pode-se observar que a ideia de fazer um meio--termo entre o "sonho nobre" dos formalistas e o "pesadelo"[50] dos céticos é meritória, mas poderia, talvez, ser redescrita em outros termos, sem a ênfase na linguagem como tão central: não se trata de distinguir entre casos de penumbra e casos fáceis em função da linguagem, mas, sim, casos em que razões convergentes apontam para um conjunto unitário ou quase unitário de soluções possíveis (sejam essas razões linguísticas, finalísticas, pragmáticas etc.) e casos nos quais temos razões que apontam para soluções distintas (como o caso do caminhão do Fuller – que parece um exemplo devastador contra a tese de que apenas a linguagem pode tornar um caso "fácil" ou "de penumbra"). Claramente, a distinção poderia ser entre casos controversos e casos incontroversos. Ocorre que essa é uma distinção que se só pode estabelecer *ex post*, não *ex ante*, contrariamente ao que Hart às vezes dá a entender. O ponto seria que diferentes comunidades jurídicas vão dar pesos diferentes a cada uma dessas razões; dependendo do peso, uma comunidade pode achar "fácil" ou "claro" o caso do caminhão da II Guerra no parque. Essa ideia é um dos pontos de partida de Dworkin, que veremos em seguida.

Mais importante, no entanto, seria explorar o fato de que a chamada indeterminação é uma função mais das configurações institucionais alternativas assumidas na aplicação do Direito do que da "natureza da linguagem". De um lado, por exemplo, se todas as controvérsias jurídicas fossem decididas apenas por juízes singulares, em instância única, de maneira definitiva, é provável que a insegurança jurídica fosse maior do que em um sistema em que houvesse vários níveis de decisão, em que algumas fossem colegiadas, estivessem estabelecidos requisitos para revisão de decisões etc. A própria noção de coisa julgada (tão importante para as teses de Kelsen sobre interpretação) é uma noção normativo--institucional e historicamente contingente, que nos leva a pensar sobre isso. Assim como Kelsen, ele toma a organização institucional de aplicação do Direito como dada, segundo fórmula específica. Esse ponto não deve ser desconsiderado em nossa discussão, sendo explorado na Parte II deste trabalho.

---

50. As expressões são do próprio Hart, em seu clássico artigo "The nightmare and the noble dream: american jurisprudence through English eyes", (1977), *Georgia Law Review* 11/969.

3.3 Ronald Dworkin ou: quem tem medo da única resposta correta?

3.3.1 Observações preliminares

Nossa intenção neste tópico é examinar o sentido da noção de *resposta correta* para Dworkin. Ela parece apontar para a ideia segundo a qual o Direito seria sempre determinado de antemão. Essa impressão, contudo, é falsa ou, no mínimo, muito simplificadora. Temos o ônus de procurar entender seu sentido se não atribuirmos a Dworkin simplesmente posição absurda ou irrelevante.

O argumento de Dworkin, até por ser mais recente, evoca muitas polêmicas e, por isso, presta-se facilmente a deturpações rudimentares (não menores, é verdade, que as encontráveis em leituras que Dworkin faz de seus adversários intelectuais, mas não precisamos submetê-lo ao mesmo procedimento).

Embora, novamente, não seja objeto deste tópico o pensamento sistemático do autor que estudamos, mas apenas sua investigação da ideia de indeterminação do Direito, parece-nos pertinente seguir, de maneira estreita, alguns passos introdutórios da *démarche* teórica de Dworkin, o mais proximamente possível de suas próprias palavras, de maneira a contextualizar o que virá em seguida.[51]

A título exemplificativo e preliminar, indicamos abaixo nuanças interpretativas relevantes em afirmações tipicamente atribuídas a Dworkin que têm relação com o tema tratado:[52]

– Dworkin notoriamente associa Direito a Moral. O que Dworkin entende por moralidade, entretanto, não é aquilo que o juiz entende como bom ou ruim segundo os padrões do próprio juiz ou os padrões de moralidade dominantes em determinada sociedade. A ideia de "moralidade" diz

---

51. Tomamos como ponto de partida para tanto sua exposição em *Law's Empire*, Cambridge, Harvard University Press, 1986, em que pretendeu descrever de maneira abrangente e sistemática sua visão unitária sobre o Direito. De fato, parece-nos possível entender o pensamento jurídico de Dworkin progressivamente, de forma que se pode concordar com ele até certo ponto e, então, não mais. Por exemplo, consideramos possível concordar com o teor de suas críticas e qualificações a modelos e descrições teóricas existentes, por exemplo aos pressupostos linguísticos que os informam, sem que seja necessário adotar, em sua totalidade, o ambicioso modelo de "Direito como integridade" que ele defende.

52. Para esclarecer: o fato de que as afirmações indicadas a seguir não parecem suficientemente nuançadas não significa que subscreveríamos a sua versão adequadamente nuançada, apenas que não subscreveríamos sua atribuição a Dworkin.

respeito, em vez disso, ao que, numa formulação, seria (i) a irredutibilidade das razões juridicamente aceitáveis a argumentos baseados em textos normativos explícitos; e, noutra, (ii) a tudo que pode ser aceito como razão ou justificativa substantiva ou teórica (aliás, sinônimos para ele).

– Essa circunstância não significa que argumentos jurídicos, por serem fundados na moralidade política, sejam do tipo *all things considered* (isto é, no sentido de que a melhor decisão, segundo todas as razões conhecidas, de qualquer natureza, é aquela que deva ser tomada pelo juiz). Dworkin restringe as razões aceitáveis àquelas que melhor expliquem as práticas políticas passadas (ênfase, para este fim, no "passadas"). A "competição" se dá entre as melhores explicações, inclusive podendo ser melhor aquela que adota como determinantes para uma decisão critérios bastante exatos e verificáveis (como a idade de determinada pessoa ou medidas de velocidade) constantes da redação de normas, a depender, entretanto, da justificativa (que, novamente, deve ser baseada na melhor explicação das decisões políticas passadas).

– Decisão judicial é para Dworkin, sempre, exercício de criação, e ele não pretende ocultar que seja assim; ao contrário, justifica que seja necessariamente assim e por quê (inclusive em casos fáceis).

3.3.2 O argumento fundamental: a divergência teórica

A reflexão de Dworkin inicia pela dúvida quanto à *importância do que seja o Direito, assim entendido no sentido "doctrinal"* (que poderíamos traduzir por "dogmático"), isto é, aquela relevante à tomada de decisões judiciais (por oposição, por exemplo, às perspectivas que chama de taxonômicas,[53] que buscam diferenciar o Direito de outros tipos de regulação, sociológica, que descreve determinada estrutura social e institucional, ou "aspiracional", que busca dar conta do ideal da legalidade ou Estado de Direito).

A resposta à dúvida é bastante convencional e esperada: a maneira como juízes decidem casos importa, sobretudo, às pessoas que estão envolvidas em determinada controvérsia jurídica, seja do ponto de vista da

---

53. Sobre a perspectiva taxonômica do Direito, Dworkin esclarece algo importante, que ele considera uma correção ao que afirmou no passado e que coloca em questão alguns esforços teóricos de identificação dos princípios do Direito Brasileiro com fundamento em Dworkin: "The idea of Law as a set of discrete standards *[incluindo princípios]*, which we might in principle individuate and count, seems to me a scholastic fiction" (v. *Justice in Robes*, Cambridge, Harvard University Press, 2006, p. 4).

imposição de ônus financeiro, do ponto de vista de restrições à liberdade ou do ponto de vista moral (uma vez que decisões refletem o resultado de avaliações públicas de conduta). Evidentemente, em sistemas em que a decisão judicial cria precedentes para decisões futuras a importância se intensifica.[54]

A obviedade da resposta, entretanto, não deveria disfarçar o fato de que ela já é formulada de forma a construir respaldo à ideia de que proposições jurídicas – aquelas que determinam que algo seja proibido, obrigatório ou permitido – tenham valor de verdade (isto é, que possam ser classificadas segundo sua verdade ou falsidade). Como, de outro modo, justificar àqueles afetados que determinada decisão seja jurídica mas falsa ou indeterminada?

Para determinação do que seja o Direito, então, Dworkin distingue três tipos de questões suscitadas por casos jurídicos: questões de fato (O que ocorreu?), questões de direito (Qual o Direito aplicável?) e questões de justiça (também caracterizadas como questões de moralidade política e fidelidade – É justo ou é injusto? É moral ou imoral?). Na delimitação feita por Dworkin, o sentido de eventual divergência sobre o primeiro tipo de questão (questões de fato) é bastante claro, pois se sabe sobre o que é a divergência e que tipo de fato poder servir para eliminá-la (por exemplo, procedimentos de "verificação" ou de prova). O desacordo sobre o terceiro tipo de questão (questões de justiça), segundo Dworkin, também não apresenta problemas especiais, uma vez que o Direito esteja estabelecido (uma decisão juridicamente correta porém injusta ou imoral[55] é aceitável).

O tipo de divergência mais interessante recairia, assim, sobre o segundo tipo de questão (questões de direito), que Dworkin afirma poder-se entender como a divergência sobre as condições de verdade de proposições jurídicas (*propositions of Law*), entendidas estas como mencionado acima, como enunciados sobre o que o Direito permite, proíbe ou obriga. E a verdade ou falsidade de proposições jurídicas, por sua vez, dependeria, em geral, da verdade ou falsidade de tipos mais conhecidos de proposições, designadas "fundamentos do Direito" (*grounds of Law*), cuja investigação se poderia subdividir em dois tipos: "empírica" e "teórica".

---

54. A principal decisão judicial estadunidense do século XX, "Brown *versus* Board of Education of Topeka", 347 U.S. 483 (1954), retrata, em sentido peculiar, a importância das decisões judiciais. O tipo de medida que iniciou será estudado na Parte II deste trabalho.

55. A influência de questões de "justiça" sobre os fundamentos de decisões jurídicas será abordada adiante.

Questões empíricas implicam acordo quanto a que tipo de proposição pode servir como fundamento do Direito, porém dúvida quanto à efetiva verificação do tipo de proposição em determinado caso. Em exemplo dado por Dworkin, saber se na Califórnia há, ou não, uma lei – no sentido de um documento escrito aprovado por um órgão legislativo – que estabelece o limite de velocidade em 55 milhas por hora (por comparação a outro tipo de questão, como saber se a existência de uma lei é, ou não, relevante como fundamento do Direito). Questões "teóricas", que seriam mais problemáticas, implicam divergência quanto ao tipo de proposição que pode servir como fundamento do Direito, como, por exemplo, saber se a referência a leis – no sentido acima – ou a decisões judiciais passadas exaure o tipo de proposição que define a verdade ou falsidade de proposições jurídicas.

(Aliás, a formulação da tese principal de Dworkin, em sua versão menos polêmica, e que por vezes ele afirma ser a mais adequada, poderia ser simplesmente esta: os fundamentos do Direito não são exauridos pela referência a documentos legislativos ou, no caso de precedentes, a decisões judiciais. Daí Dworkin ter sido interpretado, em determinado momento, simplesmente como advogando que, ao lado das regras explícitas, há princípios, aplicáveis para resolução especialmente de casos difíceis. A questão principal é que a justificativa dessa tese tem implicações relevantes, pois "considerações não legislativas", por assim dizer, estão implícitas mesmo em casos fáceis e podem, por vezes, justificar a atribuição de pouca relevância a considerações legislativas explícitas em determinado caso.)

Como se pode perceber, a própria maneira de formular o raciocínio já revela crítica a qualquer posição teórica que pressuponha, como dada, a preponderância de enunciados normativos explícitos formulados por órgãos legislativos na determinação do que seja a solução a qualquer controvérsia jurídica. Isso porque o efetivo impacto de tais elementos para a decisão passa a ser uma questão (a questão "teórica"), não um dado, ainda que a resposta possa ser, como em geral é (inclusive para o próprio Dworkin), a de que tais enunciados explícitos são extremamente relevantes.

É nesse contexto que a discussão quanto à "descoberta" ou "invenção" do Direito se põe. Em sentido trivial, segundo Dworkin, toda decisão é sempre inventada, pois juízes, ao tomar uma decisão em determinado caso jurídico, declaram uma regra, princípio, qualificação ou detalhamento do Direito que nunca havia sido declarado oficialmente antes. Em sentido não trivial, entretanto, a distinção faz parte do desacordo teórico: se determinada decisão retrata, de maneira apropriada, o que o Direito é (o que demanda uma avaliação correta dos fundamentos do Direito). Em razão da ênfase de Dworkin quanto à correção no entendimento do que significa o raciocínio jurídico, ele mesmo antecipa que sua forma de organizar as coisas pode parecer obscurecer a função social do Direito como força ideológica, em que a caracterização correta do que seja raciocínio jurídico seria menos relevante, por comparação a abordagens que ele caracteriza como sociológicas ou históricas. Dworkin advoga que a crítica não se sustentaria porque a complexidade, função e consequências do Direito dependem de peculiaridade de sua estrutura: ser argumentativa, isto é, proposições jurídicas somente recebem sentido pela e dentro da prática jurídica, que consiste, em grande parte, no emprego e discussão dessas proposições. O ponto de vista histórico ou sociológico seria, portanto, complementar ao que ele procura descrever (que tipo de afirmação sobre a verdade de proposições jurídicas é correto e por que razão o é), mas externo à prática, identificando por que certos padrões de raciocínio jurídico se desenvolveram em certos contextos e não em outros, por comparação ao ponto de vista interno. Essa distinção justifica, ainda, por que Dworkin opta por concentrar seus estudos especialmente no contexto jurisdicional, pois, segundo ele, a estrutura do raciocínio judicial é mais explícita e influencia os outros tipos de discurso jurídico mais do que é influenciado por eles (observação, evidentemente, sujeita a discussões, como aquela que empreendemos na Parte II deste trabalho).

Dworkin indica que a Filosofia do Direito, em geral, desconsidera a existência da divergência teórica, pois estaria vinculada a uma visão *plain fact*, ou puramente factual, dos fundamentos do Direito, que consiste (numa descrição preliminar) em considerar que a "questão de Direito" se resolve empiricamente, a partir da verificação do que instituições jurídicas (como órgãos legislativos e juízes) decidiram ser o Direito no passado, algo que pode ser realizado pelo exame dos documentos em que essas decisões institucionais estejam registradas (por exemplo, o *Diário Oficial* ou coletâneas de jurisprudência).

Essa visão subscreve, para Dworkin, a uma teoria semântica específica,[56] que consiste em supor a existência de certos critérios compartilhados para a definição do que seja o sentido correto (ainda no con-

---

56. Dworkin inicialmente imputa a essa visão o endosso de uma teoria semântica, simplesmente. Posteriormente, influenciado por seu aluno Nicos Stavropoulos, ressalva que não é simplesmente o endosso a uma teoria semântica o problema, mas o endosso a uma teoria semântica em particular, designada "criterial" (v.: Ronald Dworkin, *Law's Empire*, cit., Capítulos 1, 2 e 3 e Nicos Stavropoulos, *Objectivity in Law*, cit.).

texto dogmático, isto é, para fins da formulação de proposições jurídicas, no sentido mencionado acima) da palavra "Direito", cuja verificação pode e deve ser feita.

O "positivismo", o "jusnaturalismo" e o "realismo jurídico" se definem a partir desses elementos. Dworkin dedica mais atenção ao primeiro do que aos demais. Positivismo, para Dworkin, é visão que oferece diferentes alternativas quanto a quais fatos políticos, eventos históricos ou convenções sociais são fundamentais para definição do Direito vigente (por exemplo, o "comando do soberano", em John Austin, a "aceitação da regra de reconhecimento", em Hart). Jusnaturalismo é a teoria semântica do Direito que identifica critérios não estritamente factuais, mas pelo menos em certa medida morais (de justiça), como sendo os critérios compartilhados que definem o Direito. E o realismo jurídico afirma que os critérios compartilhados de identificação do Direito são decorrentes do contexto e que regras linguísticas seguidas por profissionais jurídicos tornam proposições jurídicas instrumentais e previsíveis, cuja versão mais radical assimila as regras jurídicas a previsões do que juízes farão (novamente, a ideia de que o Direito é aquilo que juízes dizem que ele é).

A visão *plain fact* mais sofisticada não presume que os registros de decisões passadas sejam capazes de determinar a decisão de qualquer caso; ou seja: concebe que tais registros podem ser lacunosos, seja porque nenhuma instituição competente se pronunciou sobre a questão, seja porque uma decisão já foi tomada, porém empregando termos ou expressões vagas (como "razoável", "culpa" etc.), e admite que nesses casos o juiz exerce discricionariedade e cria a regra inexistente ou precisa o sentido da regra vaga. A similaridade dessa visão *"plain fact* sofisticada" com o raciocínio de Hart não é mera coincidência.

Para aqueles que desconsideram a divergência teórica mas admitem a existência de lacunas coloca-se, então, a "questão de reparo" ou "conserto" (*repair*) do Direito – o que juízes devem fazer na ausência de direito explicitamente regulado ou incontroversamente inferível? – indagação que, por sua vez, recebeu, tipicamente, respostas cautelosas (preservar o espírito do Direito que existe), democráticas (discernir que decisão seria tomada por representantes da vontade do povo) ou ousadas (formular o Direito de maneira mais justa e sábia possível, segundo sua opinião).

Essa maneira mais sofisticada de positivismo jurídico, assim, concorda com a possibilidade de existência de divergência quanto ao Direito, mas qualifica essa afirmação com a distinção entre casos nucleares ou padrão e casos fronteiriços ou de penumbra de uso da palavra "Direito" – o que, no entendimento de Dworkin, significa que profissionais do Direito, em geral, concordam sobre qual a regra jurídica aplicável mas que, em razão da vagueza e ambiguidade da linguagem, em determinados casos (marginais) as pessoas podem usar as palavras em sentidos diferentes e que tais casos explicam a existência de "casos difíceis" no positivismo. Essa versão, que trata a causa da divergência como o que é meramente "verbal" ou "linguístico" (e que pode ser classificada como um argumento sobre o "reparo" do Direito), não explica por que a profissão jurídica não age conforme a teoria diz que age, pois a profissão trata o desacordo como sendo um desacordo sobre qual o Direito aplicável, não como um desacordo verbal (que implicaria uma imagem dos profissionais jurídicos como pessoas que apenas cuidam de jogos de palavras).

Mais fundamentalmente, a distinção entre casos normais e casos de penumbra ignora a distinção entre casos de penumbra e casos críticos ou decisivos (*pivotal cases*), em que a questão não é o espectro de usos possíveis de uma palavra (usos normais e usos fronteiriços), mas se aquela palavra é elemento definidor, ou não, de determinada prática ou atividade, isto é, em quê aquela prática ou atividade consiste. Nessa linha, se a argumentação jurídica diz respeito, principalmente ou pelo menos em parte, a casos decisivos ou críticos, não se pode dizer que os profissionais jurídicos usam os mesmos critérios factuais para determinar quando proposições jurídicas são verdadeiras ou falsas, e a discussão é, principalmente ou ao menos em parte, sobre que tipo de critério deveriam usar (divergência teórica).

Como Dworkin nota, essa visão *plain fact* implica a distinção entre o Direito como ele é e o Direito como ele deve ser, o que pode ser interpretado segundo uma abordagem "conservadora", pela qual não aplicar o Direito como ele é (cuja verificação, segundo essa visão, seria uma questão de fato, sobre a qual se pode facilmente chegar a acordo), mas sim o Direito que deve ser (segundo o juiz), significa uma deturpação, usurpação ou manipulação do Direito, ou segundo uma abordagem "progressista", segundo a qual caberia aos juízes melhorar o Direito sempre que puderem, aplicando o Direito que (segundo o juiz) deve ser, segundo critérios de justiça, e não o Direito "como ele é".

A ideia de que as decisões institucionais passadas são quase sempre vagas, ambíguas ou incompletas e, frequentemente, inconsistentes ou incoerentes também – ideia, não por coincidência, subscrita pelo raciocínio dos realistas estadunidenses – representa para Dworkin não uma crítica à visão *plain fact*, mas exemplo dela. O corolário dessa ideia mais radical seria a de que o Direito propriamente não existe, mas consistiria apenas na retórica dos juízes, disfarçando preferências ideológicas ou de classe.

Versão supostamente mais "moderada" afirmaria que não existem "respostas corretas" ou "melhores", mas apenas "respostas diferentes", a questões jurídicas e que juízes "fingem" inexistir divergência teórica efetiva sobre o Direito porque o público em geral acredita que sempre há Direito e que juízes deveriam segui-lo (ou seja, para não desiludir ou incitar indignação). Porém, segundo Dworkin essa mentira não é necessária, nem funciona, pois, se fosse fato que não existe Direito aplicável em certos casos, essa constatação deveria ter se tornado parte da cultura popular, e, se não se tornou, não se justifica que profissionais jurídicos não queiram corrigir o erro, em favor de uma prática jurídica mais honesta. Por outro lado, seria fácil à parte vencida mostrar que os fundamentos que são considerados como identificadores do Direito efetivamente não existem. Assim, os argumentos de juízes em casos controversos somente fazem sentido como resultado de sua responsabilidade de aplicar o Direito como ele é, não como manobras ou manipulações.

Eis o contexto para desenvolvimento da noção de resposta correta.

3.3.3 A possibilidade da crítica

A nosso ver, o eixo central do pensamento de Dworkin no Direito é a noção de *crítica*. Sem uma visão sobre como a divergência teórica é possível e sobre que tipo de questão se trata não se dispõe dos elementos básicos necessários para criticar de maneira inteligente e construtiva o que juízes fazem. Tal deficiência, segundo Dworkin, é especialmente lamentável, pois o Direito "is our most structured and revealing social institution".

Segundo entendemos, a ideia de "resposta correta" a questões jurídicas é inspirada exatamente pelo projeto crítico de Dworkin. Que a resposta correta, para ele, resulte da avaliação dos "materiais jurídicos" (leis, julgados, doutrina etc.) segundo o peculiar valor da "integridade" não afeta diretamente a tese da resposta correta.[57] Ou seja: parece-nos possível que alguém subscreva à ideia de "resposta correta" sem subscrever à ideia de que a formulação de que qualquer proposição jurídica deve responder ao valor da integridade, tal como concebido por Dworkin.

Com efeito, Dworkin afirma que decisões judiciais – decisões em que são afirmados direitos em favor de alguém (e, portanto, ausência de direitos ou obrigações a outro alguém) –, mesmo em casos difíceis,

---

57. Embora, o valor da integridade, por definição, vise a dar coerência a diferentes valores e, portanto, seja o valor jurídico "por excelência".

podem ser avaliadas como corretas ou incorretas, no sentido de que as proposições jurídicas que compõem o conteúdo das decisões podem ser avaliadas segundo seu valor de verdade (isto é, como verdadeiras ou falsas). A possibilidade dessa avaliação implica, para Dworkin, que se possa afirmar a existência de uma solução correta, por oposição às demais, que apenas *parecem* corretas.

Em outras palavras: Dworkin afirma que questões como "É falso ou é verdadeiro que, segundo o Direito aplicável, a edição e publicação de livros com conteúdo antissemita são proibidas e se caracterizam como crime (imprescritível) de racismo?" têm sentido, no âmbito da prática jurídica de que se trata. Segundo ele, se assim não fosse, simplesmente não estaríamos no âmbito da prática que caracteriza o Direito.

Para alguém que subscrevesse a uma (fortemente intuitiva) concepção de verdade calcada na ideia de que somente se pode verificar a verdade ou falsidade de algo mediante sua comparação a referentes (coisas, estados de coisas ou eventos) observáveis na realidade (ou passíveis de demonstração por comparação a "partes" desta) a afirmação de Dworkin seria provavelmente entendida de maneira metafórica e improvável. Metafórica porque designaria não uma relação entre uma proposição linguística e um referente empírico a que ela corresponderia, mas, por exemplo: (a) um acordo ou a probabilidade de um acordo entre pessoas relevantes sobre o conteúdo da proposição; (b) uma referência à existência de um texto, um suporte material qualquer (uma lei, uma decisão), cujo sentido literal fosse idêntico (ou muito similar) ao da proposição em questão.

No primeiro caso o acordo serviria como equivalente funcional daquela relação; no segundo caso a referência ao texto serviria como aplicação analógica, embora imperfeita, daquela relação. E a afirmação de Dworkin seria improvável, porque dificilmente haveria acordo entre os envolvidos ou algum sentido literal a ser simplesmente repetido em casos controversos desse tipo.

Sem metáforas – continuariam os adeptos da concepção de verdade mencionada –, o que uma decisão judicial pode ser é, no máximo, "justificável ou injustificável", não "correta ou incorreta". Portanto, a defesa da posição de Dworkin depende ou (i) da convenção segundo a qual o que é justificável = verdade; ou (ii) de irredutibilidade da verdade ao justificável, no âmbito do Direito, que não seja dependente da concepção de verdade acima referida. Como a primeira hipótese é exatamente o que Dworkin nega, resta unicamente a segunda, que representa exatamente o que Dworkin defende.

E qual é a resposta certa de determinada controvérsia jurídica para Dworkin? Aquela que resulte da melhor justificação para as práticas políticas de determinada comunidade, à luz dos fatos relevantes do caso.

Analisemos os elementos dessa definição, de trás para frente. "Fatos" são relativamente fáceis: aqueles que respondem ao que comumente chamamos de "questão de fato", isto é, a ocorrência, ou não, de certas ações ou omissões das partes e envolvidas e eventos do mundo. Sua seleção segundo a relevância, entretanto, depende dos demais elementos, pois eles é que determinam quais questões de fato devem ser respondidas.

"Comunidade", para esse fim, corresponde, fundamentalmente, ao conjunto de pessoas submetidas a determinada jurisdição e cuja prática deve ser interpretada.[58]

"Práticas políticas" consistem no conjunto de ações e formas de organização dos órgãos do Estado, incluindo leis, decisões judiciais, regulamentos, entendidas como eventos empíricos, isto é, sem consideração quanto a seu valor jurídico ou moral, assim como disposições comportamentais (intenções, por exemplo) atribuídas ou atribuíveis a tais órgãos.

"Justificação" é o princípio, teoria ou hipótese substantiva (*scheme of principle, theory, substantive claim*) que define o impacto que cada elemento da prática política deve ter a partir da atribuição de valor àquela prática (e que deve dar conta, por exemplo, das razões pelas quais atribuímos importância, e qual sua medida relativa, a atos normativos do Poder Legislativo).

Como resultado dessa caracterização, as normas jurídicas ("fundamento do direito", na expressão de Dworkin) são resultado da justificação, não são pressupostas ao esforço interpretativo. O *status* de qualquer fato empírico (edição de texto legislativo, atribuição de determinada intenção aos legisladores, estabelecimento de linha de precedentes etc.) como contribuindo para a solução do caso depende da avaliação global da prática política – o valor a ela atribuído é constitutivo da prática, por assim dizer. Que a prática, além de existir, tenha um valor e que esse valor seja constitutivo da prática a define como "interpretativa" para Dworkin.[59]

"Melhor" é, inicialmente, mais facilmente caracterizável por via negativa. De início, evidentemente, não significa "melhor" unicamente

---

58. A noção de *comunidade* é extremamente relevante para a construção do valor de integridade para Dworkin, embora para nossos propósitos possa ser tratada com a simplicidade retratada no texto.

59. Cf. Dworkin, *Law's Empire*, cit., Capítulo 2.

porque é a preferida de quem oferece a justificação ou apenas porque este, genuinamente, a considera a melhor.[60]

Assim, não designa um teste, como um papel de tornassol que pudesse ser aplicado às diferentes justificativas e indicasse, por se tornar azul, qual a melhor. Ou seja: se para determinar se certa justificação é a melhor, ou não, fosse exigida sua comparação a padrão empírico de verificação preestabelecido, certamente não haveria lugar para essa qualificação.[61]

A função taxionômica de "melhor", que qualifica "justificação", não é bom índice de seu sentido, no caso. "Melhor" serve, antes, como índice de característica da prática social de que se trata,[62] na medida em que a prática seja interpretativa: que ela, a prática, admita a distinção entre *parecer correto* e *ser correto*, criando uma clivagem pela qual a ninguém, nem a todos,[63] é dado definir ou garantir qual seja a resposta correta, mas a prática transcorre no pressuposto de que as diferentes ofertas de correção, por qualquer participante, são possíveis, por referência ao valor imputado à prática. Os praticantes tomam o valor que justifica a prática, não as atitudes ou ações dos praticantes, como a autoridade perante a qual respondem (valor, esse, que é parcialmente constituído por tais atitudes e ações).[64]

60. Apesar de afirmações como esta: "[T]he distinction of judgment and taste often turns on the complexity or simplicity of theoretical apparatus" (Dworkin, *A Matter of Principle*, Cambridge, Harvard University, 1985, p. 170).

61. É curioso que Dworkin, neste ponto, considere relevante vociferar contra adversários a partir de premissas intelectuais que atribui a eles. Segundo Dworkin, em sua obra mais recente (*Justice for Hedgehogs*, Harvard University Press, 2011), a busca pelo padrão mencionado no texto consiste em ato de autoflagelação epistêmico e "absolute confidence or clarity is the privilege of fools and fanatics" (p. 95). E, de maneira menos violenta, continua, quanto ao ceticismo mais absoluto: "I have said nothing about the internal skepticism that finds us alone at night when we can almost touch our own death, the terrifying sense that nothing matters. Arguments can't help then; we can only wait for dawn".

62. "Interpretation is an enterprise, a public institution" (Dworkin, *A Matter of Principle*, cit., p. 153).

63. "[Juízos podem ser] *objectively* true (...) not in virtue of the attitudes or beliefs anyone has but true without regard to any such attitudes or beliefs" (Dworkin, *Justice for Hedgehogs*, cit., p. 30). "[T]he dependence of the Law's content on social practices supports, rather than undermines, the objectivity of legal content, provided that practices are not conceived conventionally" (Stavropoulos, *Objectivity in Law*, cit., p. 48).

64. "[T]he idiolect meaning figuring in the interpretations available to individuals is constrained not by communal interpretations, but by the communal practices themselves" (Stavropoulos, *Objectivity in Law*, cit., p. 152).

Isso não significa que qualquer justificação seja aceitável; significa que qualquer proposição é, em princípio, passível de estar errada e, portanto, de ser criticada.[65] Qualquer aspecto da prática pode se verificar, portanto, errado, segundo interpretação que dê mais sentido aos casos paradigmáticos da prática política afetada pela explicação oferecida.[66]

A possibilidade de se aquilatar qualquer interpretação da prática como correta ou objetiva é a outra face da possibilidade de atribuir "erro" a interpretações da prática.

(Por comparação, em casos fáceis, segundo a visão *plain fact*, simples ou sofisticada, não há possibilidade de erro e, portanto, de crítica.)

A interpretação da prática inclui, para tanto, a classificação dos fatos da prática em parcela estabelecida (casos paradigmáticos) e não estabelecida, devendo esta ser organizada segundo a mesma justificação que levou à seleção dos fatos da prática política para caracterização da parte estabelecida. Isto é: a distinção entre casos fáceis e difíceis é tarefa da interpretação.[67]

O mesmo raciocínio vale para a descrição do Direito que é a e prescrição do Direito que deve ser. Afirmar, como afirma Dworkin, que a interpretação é sempre uma inovação na prática, um melhor entendimento dela[68] – e a famosa metáfora do romance em cadeia demonstra

---

65. Substituindo "expert" por "juiz", vale o seguinte: "[T]he success of experts' arguments, and ultimately what it is to be an expert, turns on the ability to defend a conception against challenges, especially in the form of counterexamples: crucially, meaning-giving characterizations, purporting to guide practice (...) are responsible to examples. For instance, characterizing the meaning of 'chair' as 'four-legged piece of furniture meant to be sat' fails in view of chairs without legs. Given the interdependence of examples and characterizations, attempts to arrive at a correct characterization of the communal norm have the status of substantive claims, amenable to argument, and this leaves room for reflection to correct and thereby change the conventional characterization of the norm involved. This in turn may result in a request for changes in the actual practice, to the extent that it does not conform to the norm to which it should actually conform" (Stavropoulos, *Objectivity in Law*, cit., p. 36).

66. "Local interpretation must aspire to be a genuine component of the global, all-encompassing and perfectly calibrated interpretation of the totality of legal practice" (Stavropoulos, *Interpretivist Theories of Law*, Stanford Encyclopedia of Philosophy, 2003, p. 13, disponível em *http://plato.stanford.edu/entries/law-interpretivist* (acesso em 28.1.2011).

67. "[O]n my account, the text itself is the product of interpretive judgments" (Dworkin, *A Matter of Principle*, cit., p. 168).

68. "[A] judgment, in each case, requires a fresh exercise of interpretation which is neither brute historical fact nor a clean-slate expression of how things ought to be" (Dworkin, *A Matter of Principle*, cit., p. 164).

que Dworkin não pretende mascarar "invenções" sob o manto da "descoberta" (cada capítulo é um capítulo novo, por definição) –, não apaga a distinção entre o que o Direito estabelece e o que alguém gostaria que ele estabelecesse. Apenas significa que essa distinção é uma das tarefas da interpretação oferecida.[69]

Ao lado do binômio ser correto/parecer correto, a prática interpretativa admite, e, mesmo, supõe, a distinção incerteza/indeterminação: a primeira representa a situação de dúvida quanto a determinada proposição ser verdadeira ou falsa; a segunda representa a situação de certeza quanto à mesma proposição não ser nem verdadeira, nem falsa. Nesse sentido, Dworkin alega que, embora a incerteza possa ser corrente na argumentação jurídica, a indeterminação raramente o é – e o padrão de verificação desta está sujeito, portanto, a exigências mais rigorosas. O exemplo de Dworkin ilustra bem:

> The Catholic Church has declared, for example, that even those who are uncertain whether a fetus is a person with a right to live should oppose abortion, because abortion would be so terrible if it turned out that a fetus is a person. No comparable argument could move someone who has convinced himself that it is indeterminate whether a fetus is a person: that no claim one way or the other is correct. He might of course have other reasons (...). But he lacks the reason for reticence or agony that someone who thinks the issue uncertain has.[70]

Assim, a ideia de resposta certa em Dworkin é algo que resulta do seguinte raciocínio: eu, Dworkin, gostaria de criticar decisões judiciais de maneira séria e consistente; criticar significa avaliar a correção ou incorreção; ainda que não seja possível identificar, de uma vez por todas, qual a decisão correta, criticar implica a pretensão de correção; portanto, a resposta correta é o pressuposto da possibilidade de crítica da argumentação jurídica. Daí para dizer que é um pressuposto da argumentação jurídica *tout court* o salto é mais curto.

A resposta certa, nessa medida, *não* é um "ideal regulativo", do qual se possa aproximar ou afastar, para Dworkin; é pressuposto constitutivo da própria prática interpretativa. ("Ideal regulativo" pressuporia que apenas não podemos alcançar a resposta correta por alguma limitação,

---

69. "The distinction between interpreting and inventing is itself the product of an interpretive judgment" (Dworkin, *A Matter of Principle*, cit., p. 168).

70. *Justice for Hedgehogs*, cit., p. 91.

digamos, cognitiva.[71]) O famoso Juiz Hércules, nesse sentido, também não representa um ideal judicial, mas exemplifica a possibilidade de que qualquer interpretação possa ser colocada em questão por outra que justifique melhor a prática. Hércules é, simplesmente, o melhor crítico.

Neste ponto, pode parecer que a solução de Dworkin, por não se referir a padrão fixo de correção, admita qualquer solução "de boa-fé" como juridicamente correta e, pior, como capaz de, ao pretender interpretar o Direito, modificá-lo. Evidentemente, o raciocínio sistematizado acima sequer admitiria a maneira como formulada esta crítica. Em qualquer caso, põe-se a questão dos limites ou constrangimentos (*constraints*) a que estão sujeitas as interpretações na teoria dworkiniana.

A delimitação da questão pode ser ilustrada pela análise de exemplo interessante, sugerido por Dworkin a Stavropoulos, que citamos na íntegra:

> An especially difficult case can be built around the assumption that equality requires economic equality. Attributing equality to the Fourteenth Amendment[72] should therefore imply that the Amendment must be applied to ensure that all US citizens are equal in terms of economic resources, and that we must consider what appear to be fundamental commitments to the sanctity of property, the principle of succession, and freedom of contract, among other things, as mistaken views about what equality allows or requires. We should consider, in other words, the commitment to equality as fundamental to the US political structure, and the commitments expressed in the doctrines of the freedom of contract, succession, and the rest as interdependent with it, as part of the same commitment that led to the adoption of the equality clause. The proposal is not *prima facie* incoherent: political theory prevalent in the past two centuries would treat economic inequality as perfectly consistent with equality, would treat, that is, equality as essentially captured by equal respect of people's *desires*, for example, as expressed in the doctrine of the freedom of contract, irrespective

---

71. "I do not mean that this is all we can do because we are creatures with limited access to true reality or with necessarily parochial viewpoints. I mean that we can give no sense to the idea that there is anything else we could do in deciding whether our judgments really are true" (Dworkin, *A Matter of Principle*, cit., p. 172).

72. Da Constituição estadunidense, que assim dispõe: "Section 1. All persons born or naturalized in the United States, and subject to the jurisdiction thereof, are citizens of the United States and of the State wherein they reside. No State shall make or enforce any law which shall abridge the privileges or immunities of citizens of the United States; nor shall any State deprive any person of life, liberty, or property, without due process of law; nor deny to any person within its jurisdiction the equal protection of the laws".

of the unequal size of their initial endowments. Such theories would not be independent of the concept of equality, but would consist in attempts to give content to that very concept. The prevalence of such theories would explain the existence of equality provisions side by side with contract and succession provisions that preserve or perpetuate inequalities.

On the assumption that equality extends to economic equality, the principles behind contract and succession law are seen as a hangover from medieval political structure, within which no-one thought that all men are equal anyway, and confused political philosophy should not be allowed to cover the inconsistency with the proper conception of equality. Consequently, to propose that equality requires economic equality puts pressure to scrap contract, succession, and most other parts of the law, and replace them with an alternative coherent system. Such a reform would have to explain away most of the modem political structure as a vast if explicable mistake, as well as present any other parts of it that escape as instances of the "right" practice of equality. Implausible as it is, this task is not inconceivable.

On the other band, still on the assumption that equality includes economic equality, the law of contract, succession, and so forth may be treated as evidence that it is not equality but some other, more restricted concept that the Amendment uses, a concept under which no inconsistencies arise. The problem, however, with this conciliatory proposal is that there is no obvious candidate concept. Provided that the conciliatory proposal also accepts that the Amendment enacts some fundamental principle concerning the US political structure, that it expresses something about the relative position of citizens in that structure very close to the concept of equality, there do not seem to be many different concepts to choose from. But if a genuine, non-gerrymandered, concept can be attributed in relation to which the principles behind contract and succession are relatively independent, then the conciliatory proposal may be better.

Both ways of treating this example illustrate a general problem with outlandish interpretive proposals, namely that they create ever increasingly implausible repercussions in interdependent areas. Concept attribution is a task that typically engages an entire network of related practices that figure in novel proposals' explanatory domain. A novel proposal for the understanding of a concept must make sense, and indeed make better sense, of an array of practices that have been developing together with the target concept. This task cannot be finessed by invoking special, *ad hoc* concepts – concepts don't lie around, as it were, to be picked up in support of different interpretations.[73]

73. Stavropoulos, *Objectivity in Law*, cit., pp. 196-197.

O exemplo permite salientar, de início, três elementos relevantes. Em primeiro lugar, que o único tipo de objeção admitido pela teoria de Dworkin contra determinada interpretação, qualquer que seja sua plausibilidade ou estranheza, é outra interpretação, que, por sua vez, indicará outros textos legislativos, decisões ou aspectos da prática política (por exemplo, intenções subjacentes a tais documentos), globalmente considerada, considerados, segundo o valor imputado ao Direito como parte dessa prática, mais importantes ou determinantes. Não há fórmula cuja aplicação preexclua interpretações.

Em segundo lugar, a interpretação admissível pressupõe alguns obstáculos a serem superados, e cuja dificuldade relativa (maior ou menor) define a plausibilidade ou implausibilidade (embora não em caráter definitivo ou vinculante) da proposta de teoria interpretativa alternativa apresentada. No exemplo acima esses obstáculos se revelam na complexa interdependência entre o conceito objeto de interpretação (igualdade) e outros conceitos admitidos como relevantes pela prática (igualdade e contratos, igualdade e propriedade, igualdade e direito de herança) e no grau de reformulação que os entendimentos estabelecidos também sobre tais conceitos laterais devem sofrer para acomodar a interpretação afirmada como correta, de tal forma que a relação entre tais conceitos como um todo seja coerente. Revelam-se também na necessidade de avaliar o impacto que tal interpretação teria na estrutura política da comunidade em questão. Fazê-lo dependeria, por exemplo, da caracterização dos pressupostos do conceito de contrato que sejam entendidos como incompatíveis com a ideia de igualdade como igualdade econômica amplamente considerada sob a forma de resquícios de estruturas políticas não mais vigentes.

Mas dependeria também – e aqui o terceiro elemento – da avaliação quanto à organização das funções institucionais, no contexto da organização política da comunidade como um todo, em particular quanto à pertinência de atribuição a órgãos jurisdicionais do papel de concretização, por intermédio da aplicação do Direito, da ideia de igualdade como igualdade econômica amplamente considerada.

A leitores rápidos da obra de Dworkin esse último elemento poderia passar despercebido. Entretanto, ele é resultado direto da ideia de que o ideal que informa e deve informar o Direito, entendido como prática interpretativa no âmbito jurisdicional, é a "integridade inclusiva ou abrangente" (por oposição à "integridade pura"), o que se define em sua teoria, em pouquíssimas palavras, pela busca da combinação mais coerente possível entre os valores da *justiça* ("*a matter of the right outcome of the political system: the right distribution of goods, opportunities and other resources*"), *fairness* ("*a matter of the right structure for that system, the structure that distributes influence over political decision in the right way*") e *procedural due process* ("*a matter of the right procedures for enforcing rules and regulation the system has produced*").[74]

Como Dworkin se adianta em esclarecer, o ideal de *fairness* pode justificar que um juiz dê efeito a leis cujos conteúdos sejam injustos, em razão da importância de proteger o poder da maioria. E o ideal de *procedural due process* pode justificar que seja mantido o entendimento estabelecido e literalmente mais estrito, por assim dizer, de determinados enunciados normativos, em razão da importância de proteger as expectativas daqueles que estão a eles sujeitos. Dworkin chega a indicar os principais limites nesse âmbito: (i) "regras estritas de respeito a precedente",[75] que consistem no dever de aplicar precedentes ainda que sejam julgados errados segundo a concepção mais coerente da prática; (ii) "supremacia legislativa",[76] que consiste no dever de aplicar leis erradas segundo a concepção mais coerente da prática quando o juiz não discerne mais do que um sentido no texto, salvo alguma consideração de ordem constitucional; e (iii) "prioridade local",[77] que consiste no privilégio a princípios vinculados à área do Direito mais diretamente relacionada à controvérsia em questão (sendo a topologia das áreas do Direito também sujeita à prática interpretativa).

Tais condicionantes explicam formulações recentes de Dworkin e determinam distinções importantes em seu pensamento, como as seguintes:

> Political rights can be distinguished from personal moral rights only in a community that has developed some version of what Hart called secondary rules: rules establishing legislative, executive, and adjudicative authority and jurisdiction. (...). The more difficult question is how [the concept of law] should be distinguished from the rest of political morality. (...). Any plausible answer will center on the phenomenon of institutionalization. (...). Legal rights can sensibly be distinguished from other political rights only if that community has at least an embryonic version of the separation of powers Montesquieu described. It is then necessary to distinguish two classes of political rights and duties. Legislative rights are rights that the community's lawmaking powers be exercised in a certain way: to create and administer a system of public education, for instance, and not to censor po-

---

74. Dworkin, *Law's Empire*, cit., pp. 404-405.
75. Idem, pp. 401 e 405.
76. Idem, ibidem.
77. Idem, pp. 250-254, 402-403 e 405.

litical speech. Legal rights are those that people are entitled to enforce on demand, without further legislative intervention, in adjudicative institutions that direct the executive power of sheriff or police. (...). Of course, both kinds of rights may be controversial (...). The difference is not one of certainty but one of opportunity. (...). Legislative rights, even when acknowledged, are of no immediate force; legal rights, once acknowledged, are immediately enforced, on demand, through adjudicative rather than legislative institutions. (...). Not all the rights a constitution declares are legal rights. Some, like those touching foreign policy, or those much more efficiently enforced by other branches of government, are best treated as political but not legal – that is, as rights not enforceable by private citizens on demand.[78]

Em nosso entendimento, a exposição que fizemos de Dworkin permite concluir que para ele a peculiar organização de funções institucionais, inclusive da função jurisdicional, também é elemento necessário da determinação do conteúdo da resposta correta no Direito.

---

78. *Justice for Hedgehogs*, cit., pp. 405-4012.

Capítulo 4

AVALIAÇÃO PROVISÓRIA

4.1 Deflacionando a distinção entre verdade e justificação: 4.1.1 A normatividade do sentido – 4.1.2 Contingência do referente, holismo da linguagem e atitude proposicional – 4.1.3 O que significa tratar como verdadeiro? – 4.1.4 Nota breve sobre a distinção entre instituir e aplicar normas em chave pragmática. 4.2 Os pressupostos institucionais de Kelsen, Hart e Dworkin.

4.1 Deflacionando a distinção entre verdade e justificação

4.1.1 A normatividade do sentido

Neste tópico desenvolvemos uma estratégia de tratamento da possibilidade de irredutibilidade da verdade ao justificável, no âmbito do Direito, que não seja dependente da concepção de verdade que dependa de uma garantia externa de verificação mas que, embora tenha pontos de contato com os argumentos de Dworkin, não se identifica estritamente com o que ele diz. O resultado é o reconhecimento da mencionada irredutibilidade, porém de forma marcadamente pragmática,[1] de maneira "deflacionada", que explicite o que estamos fazendo ao endossar essa distinção, sem que seja necessário recorrer à atribuição de valor coerente à integridade da prática para poder dela participar.

1. Nossa referência principal neste tópico será a Richard Rorty e a Robert Brandom. É possível encontrar em vários comentadores de Rorty a referência ao termo "neopragmatismo", para enfatizar que o pragmatismo a que ele subscreve atribui grande importância à "linguagem", diferentemente dos chamados "pragmatistas clássicos", em cujas obras as questões relacionadas à linguagem eram menos pronunciadas. No entanto, como Rorty não adota o prefixo "neo" em suas autodescrições e considera o interesse na linguagem um desenvolvimento natural do pragmatismo original, não utilizaremos o termo "neopragmatismo" aqui.

Como subproduto, são discutidos os postulados linguísticos subjacentes à ideia de única solução correta. O cerne da discussão é o argumento de que, como se pode demonstrar por intermédio de um conjunto alternativo de premissas dadas por uma corrente da Filosofia da Linguagem vinculada ao pragmatismo, essa é ideia menos problemática do que aparenta, embora não seja também tão forte quanto Dworkin procura fazer crer.

Segundo a concepção de verdade "garantista" (ou representacionista) que descrevemos ao iniciar a discussão da resposta correta em Dworkin, o que a questão "qual é o sentido de X" reclama é a identificação do referente do termo "X", isto é, aquilo (coisa, evento ou estado de coisa não linguístico) a que ele se refere, aponta ou, em outras palavras, aquilo que ele representa, na realidade.

Nesse sentido, a resposta à questão quanto ao sentido de algo tipicamente assume a forma de uma definição, entendida como a enunciação dos elementos que compõem o referente e que revelam o que uma coisa (em sentido amplo) é.[2]

Segundo outra dessas estratégias, que chamaremos de pragmática ou pragmatista, o que a questão reclama é o entendimento dos usos de "X" em determinado contexto.

Dessa forma, o foco da análise não é o termo isoladamente, mas o termo como utilizado em determinada proposição, no contexto de determinada prática discursiva.

Do ponto de vista pragmático, o *sentido* de tal proposição, por sua vez, pode ser analisado segundo duas dimensões:[3] (a) a dimensão de sua força pragmática; e (b) a dimensão de seu conteúdo semântico.

2. A seguinte formulação é exemplificativa do entendimento descrito: "*[O termo]* é, por assim dizer, o sinal, a representação intelectual de um certo e determinado grupo de seres. Sucede, porém, que, ao ouvir a palavra (o termo oral), que exprime oralmente o referido termo mental, o ouvinte pode não conhecer o sentido da palavra proferida, ou ignorar a cousa que a mesma palavra simboliza. Neste caso, para que o entendimento seja possível, entre quem fala e quem ouve, é necessário explicar com palavras conhecidas o sentido da palavra desconhecida, ou dizer a essência daquela cousa, que a palavra simboliza, revelando sua íntima estrutura, desvendando os elementos de que se compõe, enumerando seus aspectos inteligíveis ou notas. (...). Define-se a definição: oração imperfeita relevadora do que uma cousa é, ou do sentido de uma palavra" (Goffredo da Silva Telles Jr., *Tratado da Consequência*, São Paulo, Juarez de Oliveira Editor, 2003, pp. 296-298).

3. A distinção entre tais dimensões é normalmente associada a Frege. No Brasil distinção próxima foi por vezes utilizada por Tércio Sampaio Ferraz Jr., que, por referência aos trabalhos psicológicos de Watzlawick e outros (*The Pragmatics of Human Communication*, Nova York, WW Norton & Co., 2004), utiliza respectivamente

Em termos simples, a distinção entre essas duas dimensões (a dimensão do conteúdo semântico e a dimensão da força pragmática) pode ser entendida como a diferença entre o que é dito e o ato de dizê-lo.

A determinação do que é dito, na perspectiva pragmática, decorre da relação entre uma proposição e outras proposições, pela explicitação dos elementos de que que decorre a aplicação de um conceito (as circunstâncias de sua aplicação) e do que decorre dele (as consequências de sua aplicação). Por exemplo, ao se afirmar algo como "isto é um cachorro", sabe-se que uma consequência necessária, dadas algumas premissas plausíveis no contexto familiar de uso da expressão, é a de que podemos afirmar "ele late", "ele morde", ou "cuidado!" e a de que não podemos afirmar "ele se transforma em vapor se aquecido a 100° C".[4]

os termos "cometimento" e "relato", com sentido parecido, porém para propósitos diversos. Vale ressaltar, no entanto, que o "cometimento" (que deriva do Inglês, *commitment*, no sentido de "obrigação", "compromisso") é espécie de relação normativa, da mesma forma como *entitlement* ("direito" ou "prerrogativa") o é, razão pela qual não nos parece adequado adotar qualquer um de tais termos como expressivo do gênero. No nível de análise em que nos encontramos, também não acrescenta muito associar a dimensão da força pragmática necessariamente ao "jeito" ou "tom" com que determinada proposição é enunciada (por exemplo, se enunciada de jeito "agressivo", a sinalizar sua imperatividade, ou "brando', a sinalizar mera sugestão ou pedido), como Ferraz Jr., talvez com preocupações didáticas, por vezes faz.

4. Michel Foucault ressalva que, apesar de a abordagem de Wittgenstein das *Investigações Filosóficas* ser próxima à sua, os exemplos e situações utilizados por ele e por autores a ele associados são, para o filósofo francês, normalmente muito "de salão" (Michel Foucault, *Dits et Écrits I. 1954-1975*, n. 138 (Coleção Quarto, Gallimard, 2001, em 2 tomos), n. 139, p. 1.499-1.500), que corresponde a trecho de entrevista após conferência na PUC/RJ, em 1973 (título da conferência: "La vérité et les formes juridiques"):

"(...). M. T. Amaral: Avez-vous l'intention de développer une étude du discours à travers la stratégie?

"M. Foucault: Oui, oui.

"M. T. Amaral: Vous avez dit que ce serait l'une des recherches que vous feriez ... très spontanément?

"M. Foucault: En fait, j'ai dit que j'avais trois projets qui convergerait, mais ils ne se situent pas au même niveau. Il s'agit, d'un côté, d'une sorte d'analyse du discours comme stratégie, un peu à la manière de ce que font les Anglo-Saxons, en particulier Wittgenstein, Austin, Strawson, Searle. Ce qui me semble un peu limité das la analyse de Searle, de Strawson, etc., c'est que les analyses de stratégie d'un discours que se font autour d'une tasse de thé, dans un salon d'Oxford, ne concernent que des jeux stratégiques qui sont intéressants, mais que me paraissent profondément limités. Le problème serait de savoir si nous ne pourrions pas étudier la stratégie du discours dans un contexte historique plus réel, ou à l'intérieur de pratiques que sont d'une espèce différente de celle des conversations de salon. (...)."

(No entanto, essa última afirmação também poderia se tornar uma consequência necessária, dadas algumas premissas adicionais sobre o contexto, como a que especificasse, por exemplo, tratar-se de cachorro de gelo.)

Entender o conteúdo semântico de determinada proposição no pragmatismo linguístico, portanto, é mapear e dominar (consistindo, portanto, em um *know-how*) o conjunto das condições ou antecedentes apropriados e das consequências necessárias de sua enunciação, no contexto de seu uso. É entender que de "isto é um cachorro" decorre a adequação linguística da conclusão "ele late" e, no contexto usual da expressão, a inadequação da conclusão "ele se transforma em vapor se aquecido a 100° C". O conjunto de todas as proposições que decorrem de determinada afirmação e das proposições que são com ela incompatíveis indica o conteúdo semântico de determinada proposição.

Exemplo adicional pode auxiliar a esclarecer o ponto. Pergunta-se: qual a "essência" do número 18? A resposta pode ser: "é o resultado da subtração de 23 por 5", "é a multiplicação de 6 por 3", "é a raiz quadrada de 324" etc. É evidente que, com esse raciocínio, a ideia de "essência" ou "representação" se perde. Capturar o conceito – no sentido de conteúdo semântico – de "18", segundo essa perspectiva, é simplesmente ser capaz de dominar – uma capacidade prática – o conjunto (potencialmente ilimitado) de tais respostas. Da mesma forma que capturar o conceito de "cachorro" é dominar o conjunto (potencialmente ilimitado) de relações e contextos em que podemos utilizar a expressão.[5]

Entender a dimensão de força pragmática, por sua vez, é entender o que se faz quando se diz algo, ou, melhor, que relações são instauradas quando se enuncia uma proposição.

Com efeito, tais relações são, segundo a perspectiva pragmática, de um tipo especial. Elas são normativas. Mesmo quando se diz "isto é [x]", essa perspectiva afirma que a relação em jogo não é descritiva, porém normativa, instaurando relações de autoridade/responsabilidade em conexão com o que é dito.[6]

---

5. Cf. Brandom: "[T]he only explanation there could be for how a given meaning gets associated with a vocabulary is to be found in the use of that vocabulary: the practices by which that meaning is conferred or the abilities whose exercise constitutes deploying a vocabulary with that meaning" (Robert. B. Brandom, *Between Saying and Doing: towards an analytic pragmatism*, New York, Oxford University Press, 2008, p. 9).

6. É curioso notar como, por outras vias, Deleuze chega a conclusões semelhantes (cf. Gilles Deleuze e Félix Guattari, "4. 20 de novembro de 1923 – Postulados da Linguística", in *Mil Platôs*, vol. II, Rio de Janeiro, Editora 34, 1995).

De fato, que algo possa ou não possa ser dito – que quem afirma "isto é um cachorro" implicitamente autoriza, outorga um direito (*entitlement*) a que possamos inferir que "ele late", assumindo a correspondente obrigação (*commitment*) de subscrever a essa mesma inferência – testemunha a pertinência de falarmos nessa dimensão em separado do conteúdo semântico, ou, melhor, daquela condicionando esta.

O elemento adicional apontado pelo pragmatismo é que tais relações normativas – o que determina se algo pode ou não pode ser dito – não são definidas por uma relação com algo "extra-humano", assim entendido não apenas Deus ou outra entidade transcendente, mas também uma categoria indistinta que chamamos de realidade, como o conjunto de coisas, eventos ou estado de coisas não linguístico a que as expressões se refeririam.

Tais relações normativas são, do ponto de vista pragmático, socialmente estabelecidas a partir de nossas práticas discursivas, maneiras de lidarmos uns com os outros a partir de sons e marcas articulados, maneiras pelas quais tomamos esses sons e marcas. Nesse sentido, nossas práticas discursivas – a atividade de atribuição de sentido especialmente – seriam humanamente constituídas, historicamente situadas e, por isso mesmo, variáveis no tempo e no espaço. Na formulação sintética de Rorty: "To say that truth is not out there is simply to say that where there are no sentences, there is no truth, that sentences are elements of human languages, and that human languages are human creations".[7]

4.1.2 Contingência do referente, holismo da linguagem e atitude proposicional

De maneira a aprofundar a análise, poderíamos indicar explicitamente, ainda, três premissas implícitas na perspectiva pragmática, que a distinguem de maneira clara da perspectiva representacionista: a ideia de contingência do referente; a ideia de holismo da linguagem; e a ideia de atitude proposicional.

Como indicado acima, é traço fundamental da estratégia representacionista a identificação do referente de um termo que se pretenda entender. No entanto, do ponto de vista pragmático um referente não é nem necessário nem suficiente ao entendimento do sentido de determinado termo. Ele é meramente contingente.

---

7. Richard Rorty, *Contingency, Irony, and Solidarity*, Cambridge, Cambridge University, 1989, p. 5.

Para entendê-lo de maneira intuitiva, digamos[8] que se afirmasse a um cego que a bandeira brasileira é vermelha, azul e branca. O cego não precisaria nunca ter visto a bandeira brasileira para rejeitar essa afirmação como errada e para afirmar que, na verdade, ela é verde, amarela e azul. Explica-se, portanto, que o referente não é necessário ao correto entendimento da expressão "bandeira brasileira" no âmbito de nossas práticas discursivas.

Para entender que o referente não seja suficiente podemos cogitar do termo "amor". Qual o seu referente? Pode-se mencionar conjunto de estados físicos e sensações, como palpitações, descargas de adrenalina no sangue, palidez ou rubores ao vermos a pessoa amada; pode-se mencionar um conjunto de sentimentos, como ternura, afeição, mas também ciúme e raiva ao constatar a presença de um possível concorrente; pode-se mencionar, ainda, um conjunto de julgamentos sobre a pessoa amada, sua bondade, sua benevolência, sua inteligência etc.[9]

De fato, nenhum de tais candidatos a referente é suficiente para definir o amor. Os referentes possíveis são ilimitados. Para que se diga que alguém entenda o que é amor em Português é preciso que tal pessoa saiba reconhecer todos eles e seja capaz de associá-los ao amor. Para tanto não basta um dicionário; seria necessário, no mínimo, o conhecimento de uma "gramática" inteira do amor. Poder-se-ia dizer o mesmo de qualquer outro termo.

Nesse ponto, a estratégia pragmática introduz a noção de holismo da linguagem. Em síntese, a ideia implica que para que saibamos entender qualquer termo é preciso já entender vários termos e seu sentido diferencial. Por exemplo, digamos que "justiça" seja a "a vontade constante e perpétua de dar a cada um o que é seu" (Ulpiano). Só se poderá entender o que é "justiça" se se entender o que é vontade, o que é perpétuo, o que é o seu, e suas inter-relações. E assim sucessivamente, com cada um dos termos.

Ocorre que também somente podemos investigar o sentido de cada um de tais termos linguisticamente. O pragmatista chama a isso de "atitude proposicional". Como tratar do "sentido do sentido" sem falarmos?

8. Os exemplos que seguem encontram-se em Jurandir Freire Costa, "A questão do sentido em Psicanálise", in Benilton Bezerra Jr. e Carlos Alberto Plastino (orgs.), *Corpo – Afeto – Linguagem*, Rio de Janeiro, Marca d'Água Editora, 2001, pp. 199-219, *passim*.

9. V., ainda, Jurandir Freire Costa, "A questão do sentido em Psicanálise", cit., in Benilton Bezerra Jr. e Carlos Alberto Plastino (orgs.), *Corpo – Afeto – Linguagem*, pp. 202-203.

Apontando? Como saber se alguém apontando para um cachorro que passa correndo e gritando "cachorro!" está se referindo ao que entendemos por cachorro? A indicação pode estar se referindo à pata do cachorro, ao espírito do cachorro, ao sentimento que o cachorro representa para ele, a exemplo de velocidade, ao perigo de que o cachorro seja atropelado etc. Somente podemos entender que a indicação se refere ao cachorro explicitando proposicionalmente, isto é, linguisticamente, esse sentido.[10]

Para a perspectiva representacionista os parágrafos anteriores representam, desde logo, uma ameaça: "estamos presos na linguagem!". Como fazemos para sair da linguagem? Como ultrapassar essa névoa entre nós e as coisas? Como escapar à ideia de que podemos ver algo sob vários ângulos, mas nunca sua essência?

Tais perguntas revelam a angústia do relativista – ou, melhor, do cético confrontado com as "seduções" da linguagem.

No entanto, do ponto de vista pragmático a linguagem é uma prática, não uma entidade a que se pode estar preso ou uma luneta pela qual somos obrigados a olhar as coisas. A ameaça que angustia o relativista revela premissas a que o pragmatista não subscreve.

Seguindo Davidson,[11] da consideração do quanto exposto até agora podem ser identificadas três dificuldades com a estratégia representacionista de definir qualquer termo como verdade, justiça, amor etc.

Considerando que uma definição também é formulada em palavras, uma primeira dificuldade consiste em ter à disposição um conjunto de palavras e conceitos mais claros e evidentes com os quais exprimir o referente do termo que se quer definir,[12] como se pode ver da conhecida definição de "justiça" de Ulpiano, mencionada acima. Todos os seus termos são igualmente carentes de explicitação.

Mesmo se houvesse tal conjunto de palavras e conceitos claros e evidentes, uma segunda dificuldade consistiria em determinar as condições pelas quais se poderia reconhecer que a definição dada é correta ou

10. Na tradição recente da Filosofia Analítica encontra-se situação semelhante, descrita a partir do ponto de vista do linguista de campo (*field linguist*), pela qual ele observa um outro ser humano, de uma tribo que não fala a sua língua, ver um coelho passar e gritar: "gavagai". Essa situação foi originalmente concebida por Willard van Orman Quine como ponto de partida para o desenvolvimento de uma noção naturalizada da linguagem.

11. Donald Davidson, *Truth, Language and History*, Oxford, Clarendon, 2005, pp. 256-257.

12. V. o trecho de Gofredo da Silva Telles Jr., *Tratado da Consequência*, cit., pp. 296-298.

não. Com o quê ela seria comparada? Quando se diz "essa definição é verdadeira", ou "essa definição corresponde à realidade", que parcela da realidade está sendo utilizada para determinar a correspondência?

Uma terceira dificuldade, enfatizada por Davidson[13] e por ele considerada ainda mais profunda, seria a seguinte:

> (...). [T]here may not be a satisfactory definition. The Socratic dialogues typically have the form of a search for a definition: what is it, Socrates will ask, that all cases of virtue, or beauty, have in common, and the proposed answers have the form of definitions. Why is the search always a failure? The reason, I think, is simple. We have no interest in a definition that does not employ concepts or words that are simpler and more basic than the *definiendum*. But the words and ideas we seek to define in philosophy, words like "justice", "beauty", "truth", "virtue", "knowledge", are as basic as you can get. Unless you are going to go in circles, everything can't be defined. These words and the work they do, confused and murky as they may be, are part of the foundations of our thinking. It is a mistake to try to dig deeper. Definition is not the way to make the foundations firm.[14]

No entanto, como sugere o próprio Davidson com relação ao conceito de "verdade", isso não é sinal de que o conceito seja "mysterious, ambiguous, or untrustworthy".

Adicionalmente, que nada impediria, em princípio, que parássemos de interagir utilizando sons e sinais articulados e que, portanto, escapássemos à prisão da linguagem. Poderíamos interagir exclusivamente de outras formas. Apenas nessa hipótese, na perspectiva pragmática, não estaremos mais tratando de "sentido" (e, portanto, de verdade ou falsidade). Pois a "função semântica", especialmente com relação a algo como a verdade ou, mesmo, a justiça, não prescinde da linguagem. Isto é: para tratar do sentido de algo desse tipo necessariamente nos engajamos em prática pela qual enunciamos razões, intenções, articulamos outros conceitos etc. – adotamos, como mencionado acima, a atitude proposicional.

---

13. Donald Davidson, Truth, Language and History, cit., p. 257.

14. Em outra passagem Davidson faz observação semelhante: "This is, after all, what we should expect. For the most part, the concepts philosophers single out for attention, like truth, knowledge, belief, action, cause, the good and the right, are the most elementary concepts we have, concepts without which (I am inclined to say) we would have no concepts at all. Why then should we expect to be able to reduce these concepts definitionally to other concepts that are simpler, clearer, and more basic? We should accept the fact that what makes these concepts so important must also foreclose on the possibility of finding a foundation for them that reaches deeper into bedrock" (*Truth, Language and History*, cit., p. 20).

E, para utilizar uma expressão de Donald Davidson cara a Jurandir Freire Costa, em quem vimos nos apoiando neste tópico, "nada mais é possível, nada mais é preciso".[15]

4.1.3 O que significa tratar como verdadeiro?

Adicionalmente às ideias de contingência do referente, holismo da linguagem e atitude proposicional, centrais à explicitação da dimensão semântica do problema do sentido, ainda segundo a estratégia pragmática, seria preciso analisar também *o que fazemos* quando afirmamos que algo (uma ação, uma decisão, uma pessoa, uma proposição etc.) é correto ou verdadeiro.

Tanto o representacionista quanto o pragmatista afirmam que o que fazemos é elaborar um juízo. No entanto, as caracterizações do juízo para ambos são diferentes.

Segundo a estratégia representacionista, o que fazemos (ao elaborar um juízo) é executar uma operação mental, de classificação de um particular sob um geral. As coisas se passam como em um silogismo, em que a premissa maior (o geral) corresponde à definição e a premissa menor (o particular) a um suporte referencial concreto cuja correspondência à definição se quer analisar e cuja conclusão é a resposta. Nesse caso, portanto, "juízo" é o nome que se dá a essa operação.

Segundo a estratégia pragmatista, juízo não é operação mental, de classificação. O juízo, segundo a estratégia pragmatista, é a menor unidade do conhecimento (da mesma forma como a menor unidade de comunicação é a proposição),[16] não um objeto ou uma palavra. E é a menor unidade do conhecimento, pois é aquilo por que podemos ser responsáveis e sobre o qual se podem instaurar relações de autoridade/ responsabilidade. De fato, segundo a perspectiva pragmatista, não podemos ser responsáveis por um objeto ou uma palavra, apenas pelo que fazemos com ele ou com ela.

Assim, do ponto de vista dessa caracterização, o juízo não seria uma operação lógica, mas um fazer (*doing*), um tipo de ação, o reconhecimen-

---

15. Jurandir Freira Costa, "Pragmática e processo analítico: Freud, Wittgenstein, Davidson, Rorty", in Jurandir Freire Costa (org.), *Redescrições da Psicanálise: Ensaios Pragmáticos*, Rio de Janeiro, Relume Dumará, 1994, p. 58.
16. Robert B. Brandom discerne em Kant a origem dessa ideia, porém nota que em Kant as duas caracterizações do juízo ainda aparecem misturadas (*Reason in Philosophy: Animating Ideas*, Cambridge, Harvard University, 2009, pp. 5 e ss.).

to da instauração de um conjunto de relações. Como metaforicamente lembra Brandom, baseado em Hegel,[17] quando um leão come uma zebra, visto por nós, ele está aplicando o conceito de alimento à zebra. É claro, contudo, que somos diferentes de um leão. Porém, a diferença não está na posse de uma faculdade lógica, está na participação em conjunto de relações pelas quais podemos, potencialmente, ser criticados ou vir a ser questionados quanto às razões pelas quais aplicamos determinado conceito.[18] Isto é: para nós (diferentemente do leão) o juízo é normativo. Fazer um juízo nesse sentido pragmático é assumir o ônus de ser questionado e de ter que oferecer razões – é participar de uma prática pela qual podemos ser questionados e criticados.

De fato, é possível treinar um papagaio a emitir, ao acendermos uma luz vermelha, o som "vermelho!". Seria possível, talvez, treiná-lo a emitir o som "injustiça!" ao mostrarmos a foto de uma favela. O que distingue essa vocalização do papagaio de nossas práticas linguísticas não é a capacidade de discriminar e classificar um fato não linguístico como um outro fato – no caso, "vocal" ou sonoro. É que o papagaio não domina o conjunto de relações de que decorre essa manifestação e que decorre dela. Por exemplo, ele não assume o *commitment* de que "vermelho!" implica "colorido" e preclui "verde".[19] Quando gritamos "injustiça!" assumimos série de *commitments* e passamos a ser titulares de uma série de *entitlements* que podem permanecer implícitos mas que se tornam explícitos na medida em que devemos nos justificar e tratar do sentido do que falamos. Quando tratamos do sentido da justiça, portanto, passamos do plano da causalidade para o plano da justificação, ainda que preservemos nossa capacidade de discriminar sensorialmente eventos no mundo. Para que possamos avaliá-los, discuti-los ou justificar decisões com base neles, participamos, necessariamente (isto é, como condição necessária, ainda que não suficiente), em interações linguísticas.

(Do ponto de vista da estratégia pragmática, portanto, o que chamamos de subsunção seria apenas uma codificação do juízo sob a forma de

---

17. Brandom, *Making it Explicitly: Reasoning, Representing, and Discursive Commitment*, Cambridge, Harvard University, 1994, pp. 5 e ss.

18. A efetiva possibilidade de crítica não é dado natural, mas também variável, segundo, em uma palavra, relações de poder, que estabelecem as condições do que possa ser dito.

19. Para a exploração do exemplo do papagaio (tipicamente "de salão", como apontou Foucault de maneira bem humorada no texto transcrito na nota de rodapé 1 deste Capítulo 4), v. Brandom, *Making it Explicitly: Reasoning, Representing, and Discursive Commitment*, cit., pp. 5 e ss.

premissas e conclusões – codificação, essa, talvez mais conveniente do que outras para o propósito de crítica e diálogo, porém não necessária ou intrínseca ao juízo como ação.[20])

Nesse contexto, cabe a pergunta: então, segundo o pragmatista, o que fazemos quando afirmamos que algo é verdadeiro ou quando atribuímos valor de verdade a algo? Basicamente, duas coisas:[21] (a) adotamos o que podemos chamar de *endorsing use* – que aparece em afirmações como "a decisão é correta"; e (b) adotamos o que podemos chamar de *cautionary use* – que aparece em afirmações como "tal ato, decisão etc. pode até ter sido tomado pelo STF e é plenamente justificável, mas é incorreto".

O que se designa por *endorsing use* é a ideia de que, ao afirmarmos "a sentença é correta", estamos endossando ou subscrevendo ao ato executado. É isso que fazemos. Instauramos uma relação (humana, social) pela qual assumimos as obrigações que decorrem da afirmação e rejeitamos aquelas que são incompatíveis com ela (o que decorre e o que é incompatível, por sua vez, tem a ver com o conteúdo semântico, que se explicita pelo exercício de um tipo de habilidade).

Por outro lado, o que se designa por *cautionary use*, ao afirmarmos "tal decisão pode até ter suas justificativas, mas é incorreta", é assumir o direito de nos recusarmos a endossar ou subscrever inteiramente às consequências da decisão. Ou seja: o que interessa é perceber o uso *crítico* da noção de verdade.

Percebe-se que, desse ponto de vista, a verdade ou correção não tem caráter explicativo ou um conteúdo inato a funcionar como um critério para determinação do sentido. Como alerta Rorty,[22] no entanto, se nos ativéssemos apenas ao *endorsing use*, a tendência a associar o pragmatismo ao relativismo seria grande. Ocorre que, como também diz Rorty, podemos reconhecer que as razões disponíveis tornam algo justificado, porém reconhecemos também que justificativas são plausíveis relativa-

---

20. Com efeito, a abordagem pragmática pressupõe uma ideia de racionalidade. No entanto, essa ideia não é a de racionalidade como faculdade mental, que todos teríamos em comum (como Humanidade) e que nos distinguiria dos animais. A racionalidade que ela pressupõe é uma racionalidade resultante da maior complexidade de nossas maneiras de lidar com o mundo e uns com os outros – uma circunstância contingente, de que a maneira preferencial de nossa interação é linguística. Quando se fala não se está em maior ou menor contato com a realidade – aliás, se a palavra "realidade" tem algum sentido, falar é uma parte dela, não algo que se estabelece como um véu entre nós e ela.
21. Cf. Richard Rorty, "Objectivity, relativism, and truth". *Philosophical Papers*, vol. 1, Cambridge, Cambridge University Press, 1991, p. 128.
22. Idem, ibidem.

mente a determinadas audiências ou em certos contextos de comunicação, o que não implica que tais justificativas não poderão ser questionadas em outros contextos ou que devamos renunciar à possibilidade de que outras justificativas poderiam ser imaginadas, ao contrário. O *cautionary use* expressa essa irredutibilidade de audiências possíveis à audiência presente, do decidido ao correto, e explicita a possibilidade ilimitada do exercício da crítica.

(Desse ponto de vista, a abordagem do pragmatismo filosófico teria duas vantagens sobre a abordagem representacionista: (a) como ela não pressupõe referente fixo, é mais capaz de (mais aberta a) admitir e prever novos sentidos das palavras (vantagem epistemológica); e (b) ela atribui a responsabilidade pelos nossos atos de predicação e constante redefinição a nós mesmos, sem possibilidade de recurso a entidades ou autoridades extralinguísticas (vantagem ética).)[23]

***

Considerando o exposto até aqui, qual seria a força intuitiva da abordagem representacionista com relação ao sentido, aquilo que, nela, mais seduz o pensamento? E de onde viria a insistência de Dworkin (que não é um representacionista, mas manifesta preocupações em atender às exigências do representacionismo) na ideia de uma solução correta?

Parece-nos que seria a ideia de que o sentido de algo não se reduz a uma "opinião pessoal", a um arbítrio ou a um "capricho", ainda que dependa da oferta, necessariamente individual, de hipóteses de interpretação. Parece-nos que Dworkin, embora decididamente não subscreva a uma abordagem representacionista, quer fazer face a esse requisito. Dworkin quer poder criticar decisões judiciais, e para que a crítica possa ser levada a sério, ou tenha sentido, não pode ser apenas "mais uma opinião".

No entanto, não se pode deixar de mencionar que a abordagem pragmática também não subscreve ao subjetivismo, sem, entretanto, subscrever a pressupostos que vêm associados a isso em Dworkin. Embora ela afirme que nenhum sentido é fixo e predefinido e que o uso linguístico de qualquer termo é suficiente para explicitar seu conteúdo semântico, ela também não afirma: "a verdade é aquilo que alguém diz que é".

Práticas linguísticas são para o pragmatismo práticas sociais, o que significa dizer que, embora ninguém possa definir, de uma vez por todas, o sentido da verdade, alguém também não pode. A abordagem pragmática

---

23. V., novamente, Jurandir Freire Costa, *O Sentido em Psicanálise*, 2001.

não precisa afirmar que "a verdade é aquilo que alguém diz que é" para afirmar que seu conteúdo é variável e para afirmar os ganhos teóricos e práticos de fazê-lo.

De fato, a referência à correção e às condições de verdade de proposições jurídicas não quer dizer em Dworkin que juízes devem ser honestos ou sinceros em suas opiniões. Da mesma forma, não significa que juízes devam ser cuidadosos ("judiciosos") ao analisar provas e argumentos. Ambas atitudes – honestidade e rigor analítico – são muito importantes ao bom desempenho do papel judicial, mas a referência à objetividade dos juízos jurídicos é algo que se pode presumir como resultado das práticas discursivas que os caracterizam, dentro das quais, por sua vez, é tratado como um pressuposto.

Mesmo nesse caso, contudo, é importante entender o papel que a avaliação de correção ou incorreção cumpre. Fazemos referência aqui aos dois usos mencionados acima – *endorsing* e *cautionary*. O que a referência a "condições de verdade" faz, no caso, não é estabelecer um critério, uma propriedade ou um ideal a ser buscado, definir o parâmetro, mas designar o caráter inescapável de avaliação de correção de determinada proposição dentro de determinada prática discursiva – a irredutibilidade dos critérios, exceto em casos específicos, à autoridade individual (ou mesmo coletiva, segundo uma imagem de uma convenção que define critérios) dos participantes dessa prática. É possível (e é necessário que seja possível) que todos estejam errados, segundo esse entendimento – essa possibilidade, como mencionado acima, é o pressuposto da prática, uma vez que esta esteja "em vigor", por assim dizer.

O mesmo poderia ser dito no *vocabulário das justificações* (por oposição ao vocabulário da verdade ou da correção das proposições jurídicas), no entanto, sem qualquer perda epistemológica, desde que distinguíssemos entre audiências presentes ou contextos conhecidos (a quem as justificativas dadas podem parecer aceitáveis, com aquilo que conhecem) e audiências futuras ou contextos possíveis e imagináveis (em que crenças e fatos podem se alterar). Com o ganho de evitar as associações conhecidas da ideia de "condições de verdade" com concepções representacionistas.

4.1.4 Nota breve sobre a distinção entre instituir e aplicar normas em chave pragmática

Seria desviar o foco de nosso trabalho desenvolver em maior profundidade pressupostos linguísticos de visões alternativas para a relação entre verdade e justificação. Entretanto, registramos brevíssima nota sobre a relação entre criação e aplicação de normas segundo o pragmatismo de Rorty e Brandom. Não defenderemos ou detalharemos o argumento, apenas o registraremos como possível ponto de partida para desenvolvimento ulterior, eventualmente em outro trabalho.

De fato, se toda aplicação de uma norma constitui ato de criação da norma, parece haver uma assimetria na relação entre criação e aplicação, em favor desta última. Nesse contexto, que papel resta para a distinção entre algo que está de acordo com a norma e algo que parece estar de acordo com a norma – isto é, se a norma é a cada vez criada por quem a aplica, como se pode sustentar que a aplicação de determinada norma está sujeita a critérios de correção? E, se não se puder, o que sobra da própria noção de norma?

A resposta de Brandom: "The authority of the past over the present is administered on its behalf by the future. Since this process has no endpoint in principle, no finally authoritative authority not dependent in turn on its acknowledgement or recognition, the normative situation is entirely symmetrical".[24]

Em outras palavras: a integridade da dimensão normativa depende, ao menos, do reconhecimento de elemento *institucional* (o conteúdo das normas está sujeito a algum tipo de administração segundo autoridade atribuída a terceiros) e de elemento *temporal* (a continuidade da prática pela qual se avalia a correção ou incorreção).

Ou seja: esses são elementos pressupostos a qualquer atividade aplicadora de norma, a qual consiste, então, no produto dessa negociação (ou, por outra metáfora, "luta") entre os diferentes polos de autoridades reconhecidas (o polo instituidor da norma e o polo que a aplica), em face da incerteza do futuro (inclusive, no limite extremo, quanto à continuidade da prática e das autoridades) a que estão sujeitos.

4.2 Os pressupostos institucionais de Kelsen, Hart e Dworkin

De maneira a efetuar a passagem da discussão da indeterminação jurídica no contexto jurisdicional à discussão da indeterminação institucional, o melhor caminho é o da indicação dos pressupostos institucionais, subjacentes ou explícitos, nas abordagens já vistas.

---

24. Robert Brandom, *Tales of the Mighty Dead: Historical Essays in the Metaphysics of Intentionality*, Cambridge, Harvard University Press, 2002, p. 233.

Nesse sentido, o primeiro aspecto a abordar é que a discussão sobre a instituição e aplicação de normas, embora às vezes remeta à distinção entre a função legislativa e a função jurisdicional, trata-a de maneira pouco pormenorizada e matizada. Quando se observa, como o fazem Kelsen e Hart, que o grau de indeterminação das decisões judiciais, em razão da maior ou menor especificidade linguística de enunciados normativos (intencional ou não), revela uma delegação de poder, essa observação pressupõe conjunto relevante, não indicado, de aspectos relativos à configuração institucional da função jurisdicional.

Embora a noção de coisa julgada seja claramente um desses aspectos – e, no caso, explicitamente abordado por ambos, Kelsen e Hart, como fenômeno a ser explicado e, mesmo, justificado – talvez a premissa institucional implícita mais importante seja a noção de proibição da denegação de justiça com fundamento na falta de clareza (*non liquet*) dos enunciados normativos.[25] Em outras palavras: a obrigação de decidir. Por que mais importante?

É que a obrigação de decidir transforma, *ipso facto*, a incerteza decisória em indeterminação. E se, como já se mostrou, nem mesmo Dworkin consegue negar a possibilidade (e, mesmo, a frequência) da incerteza decisória, essa característica peculiar da organização da função jurisdicional afeta também, e necessariamente, suas considerações sobre a importância da indeterminação no Direito.

Ou seja: a indeterminação resultante da configuração institucional que preveja a obrigação de decidir é, para dizer o mínimo, tão relevante quanto aquela que possa resultar da falta de especificidade dos enunciados normativos. Ainda que se afirmasse que um texto absolutamente claro – unívoco – poderia prescindir de interpretação, não se prescindiria da interpretação que concluísse pela univocidade do texto.[26]

A proibição do *non liquet* também demonstra a limitação de teorias que considerem relevante presumir a frivolidade, desonestidade ou parcialidade dos membros do órgão encarregado de decidir. Se o que existisse fosse apenas a *autorização* para julgar, e não a *obrigação* de fazê-lo, talvez a consideração fosse de fato mais relevante; mas o interesse principal da proibição de *non liquet* para o problema que enfrentamos

---

25. O único estudo que conhecemos a salientar a importância da proibição de declaração de *non liquet* como pressuposto institucional da indeterminação jurídica é o Capítulo 7 de Niklas Luhmann, *Law as a Social System*, Oxford, Oxford University Press, 2004, pp. 274-304.

26. Cf. Luhmann, *Law as a Social System*, cit., p. 242.

advém, justamente, do fato de que a indeterminação subsistiria ainda que todos fossem sérios, honestos e imparciais.[27]

Corolário quase indispensável da característica institucional apontada é a inimputabilidade de responsabilidade dos juízes pelo resultado da decisão. Seria praticamente impossível operacionalizar a obrigação de decidir, em cenários de relativa incerteza, sem imunizar aqueles que decidem da responsabilidade pela decisão.[28]

Reforçando-se essas características pela noção de coisa julgada, a variável institucional da indeterminação jurídica fica, a nosso ver, suficientemente demonstrada.[29]

É evidente que existem "compensações", também institucionais, a essa indeterminação. Por exemplo, a obrigatoriedade de motivação das decisões e o estabelecimento de instâncias decisórias hierarquizadas e de deliberação coletiva, compostas segundo padrões de senioridade no âmbito da profissão jurídica. A intensidade e eficácia das forças em sentido contrário é questão em aberto, entretanto.[30]

Outros tipos de conformação institucional dizem respeito à forma como se desenvolve o processo: a quem está aberto e como pode ser aberto, que tipo de atos o movimentam, quais tipos de resultados admite e qual a extensão de seus efeitos. Por exemplo, um processo judicial que (i) somente pudesse ser iniciado por iniciativa das partes, (ii) admitisse apenas indivíduos como partes, (iii) fosse organizado estritamente segundo mecanismos temporalmente limitados que permitissem a oferta de provas de fato e argumentos universalizáveis (isto é, não disponíveis

27. Evidentemente, a preocupação com a frivolidade, honestidade e parcialidade não deixa de ser relevante em razão disso – pois a autorização para decidir ainda está implícita na obrigação de fazê-lo.
28. Mais uma vez, isso não significa que não se possa encontrar indícios de frivolidade, desonestidade ou parcialidade em decisões e que essas decisões não possam ser impugnadas e seus tomadores submetidos às sanções correspondentes.
29. A chamada "coisa julgada", como expressamente indicado por Kelsen, é característica contingente do ordenamento jurídico, e não característica necessária. Isto é: poderia não existir, embora, nessa hipótese, algumas das funções de estabilização de conflitos pelo Direito pudessem ficar prejudicadas. Por isso mesmo, do ponto de vista teórico, ao menos, faz pouco sentido alegar a intangibilidade da coisa julgada sem especificar quais as circunstâncias em que deveria ser aplicada e qual o alcance das consequências que dela deveriam ser extraídas.
30. Estudos empíricos poderiam ser feitos para indicar qual o viés criado por esse tipo de configuração: aparentemente, a mitigação da indeterminação viria segundo orientação conservadora. Mas não temos como afirmá-lo com segurança sem uma avaliação mais específica.

unicamente aos indivíduos envolvidos, mas capazes de serem utilizados como fundamentos para outros casos), previstos em regras de conduta explícitas e previamente estabelecidas, (iv) resultasse tipicamente em uma declaração quanto à existência, ou não, de direitos ou violação de normas e (v) valesse apenas para as partes em litígio, então, talvez representasse configuração institucional aceitável no contexto da obrigação de decidir, com imunidade do órgão decisório quanto ao resultado e com força de coisa julgada. Não por coincidência, este ainda parece ser o tipo ideal de solução de controvérsias jurídicas presumido pelas abordagens teóricas paradigmáticas examinadas.

Evidentemente, não estamos afirmando que Kelsen, Hart e Dworkin subscreveriam irrestritamente ao tipo ideal de processo judicial acima descrito, mesmo que de maneira implícita. Mas, por exemplo, mesmo ressaltando de maneira radical o elemento de escolha na decisão judicial, a forma quase trivial com que Kelsen trata a questão da definição de qual a norma aplicável, a ela praticamente não dando relevância, indica que sua teoria não seria adequada para tratar de ordenamento que previsse princípios (por exemplo, de direito fundamental de caráter individual) em nome dos quais se admitisse a reinterpretação sistemática de grandes conjuntos de regras expressas do mesmo ordenamento. Apesar de não ser essa uma crítica a Kelsen (por não ter sido capaz de prever o futuro?), a observação indica seu apego a certos pressupostos de como a prática do Direito se dá e sua relação à maneira como entende a interpretação do Direito no contexto jurisdicional (e responde à pergunta quanto ao porquê de sua teoria dar pouca ênfase à dificuldade de escolha da norma).

De fato, a discussão da indeterminação jurídica pelos autores tratados parece desmerecer uma circunstância crucial: a relação entre enunciados controversos e incontroversos não varia apenas com a variação do sentido usual das palavras, mas também segundo os conflitos subjacentes e sua natureza. Em outras palavras: no contexto de sociedades socialmente fraturadas, em que se multiplicam as normas jurídicas que visam a consolidar ideais que são sistematicamente (e não apenas de maneira pontual) contrários à maneira como parcelas relevantes da prática social são estruturadas, basta a organização de determinado interesse para tornar um enunciado normativo incontroverso em controverso (poderíamos chamar essa hipótese de indeterminação sociológica do Direito).[31]

---

31. Embora não subscrevamos à integralidade das observações de Mark Tushnet no artigo "Defending the indeterminacy thesis" (in Brian Bix (org.), *Analyzing Law: New Essays in Legal Theory*, Oxford, Clarendon, 1998, pp. 339-356), ele nos

Em outras palavras: parece-nos que não se deve, apesar da atratividade da discussão quanto à vagueza e à ambiguidade das palavras e da discricionariedade judicial que se supõe especialmente gerada por ela, olvidar que fator no mínimo tão relevante para a indeterminação da decisão no contexto jurisdicional é exatamente a efetiva relação – de correspondência ou, contrariamente, de tensão – entre a prática social de determinada sociedade e os ideais que subjazem ao Direito de cada sociedade. Se a relação for, preponderantemente, de correspondência, violações a regras são vistas como pontuais e administráveis (condutas "irregulares" são verificáveis e punidas), assim como o é a indeterminação ocasional de enunciados normativos e formas mais "abertas" de expressão (como as "cláusulas gerais", que acabam apenas funcionando como formas de adaptação do ordenamento a mudanças graduais). No entanto, se a relação for, preponderantemente, uma relação de tensão, não se pode supor uma ordem jurídica coerente, e a indeterminação, no caso, é menos linguística do que o reflexo da profundidade e complexidade dos conflitos sociais.

O que significaria levar essas considerações a sério? Este trabalho toma uma resposta como possível: o que chamamos de *estratégia interpretativista*, cujas características e limitações examinamos no capítulo seguinte. A exposição das limitações da *estratégia interpretativista*, entretanto, não tem por função recuperar o modelo ou tipo ideal perdido. Ele já está irremediavelmente fraturado, como a Sociologia Jurídica brasileira bem o demonstrou.[32] Nosso propósito ao expor suas limitações é sugerir os elementos de soluções teóricas alternativas de enfrentamento dos reais problemas que identifica, salientando o papel das possibilidades de inovação institucional, por comparação ao papel da interpretação jurídica.

---

parece indicar, ali, caminho interessante para desenvolvimento desse aspecto da indeterminação.

32. V., por todos, os trabalhos de José Eduardo Campos de Oliveira Faria indicados na bibliografia.

Parte II
A INDETERMINAÇÃO INSTITUCIONAL

Capítulo 5 – A Estratégia Interpretativista e o Mínimo Existencial

Capítulo 6 – Introdução a Lon L. Fuller: Limites à Atuação Jurisdicional

Capítulo 7 – Fuller e a Indeterminação Institucional

Capítulo 8 – Três Exemplos de Inovação Institucional com Relação à Atuação Jurisdicional

Capítulo 5
A ESTRATÉGIA INTERPRETATIVISTA E O MÍNIMO EXISTENCIAL

5.1 A estratégia interpretativista. 5.2 A ideia de mínimo existencial. 5.3 O exemplo do nepotismo.

5.1 A estratégia interpretativista

O objetivo deste tópico é ilustrar, por intermédio do exame de problema exemplar da teoria jurídica e do direito brasileiro contemporâneo – o chamado "mínimo existencial" –, as características principais do tipo de solução a ele apresentadas por doutrina séria, a nosso ver, porém injustificadamente atada à análise do Direito no contexto jurisdicional, segundo modelo de aplicação do Direito também significativamente limitado. Agrupamos o conjunto de soluções do tipo descrito sob a designação "estratégia interpretativista".

Antes, uma ressalva. O propósito da análise a seguir não é sugerir que se requer *menos* atuação do Judiciário do que a estratégia interpretativista reclama, nem, por outro lado, *mais*. O propósito é examinar quais os pressupostos subjacentes à sua intenção e prática e a que impasses ele conduz, impasses que não são necessariamente resolvidos pela simples autocontenção ou expansão da atuação judicial, para nos valermos das alternativas usuais em que o problema costuma ser posto.

Poder-se-ia objetar que a tarefa de formulação de soluções interpretativas do direito posto não é incompatível com outras atividades – por exemplo, movimentos de pressão popular, organização de debates – e que ambas poderiam trabalhar paralela e simultaneamente. Entretanto, a plausibilidade não é suficiente para conferir realidade à hipótese. Para adiantar a conclusão desta parte do trabalho, a estratégia interpretativista, tal como aqui caracterizada, é intrinsecamente inibidora, por exemplo, de esforços de inovação institucional. Ela naturaliza exatamente o que a inovação institucional pressupõe como contingente. A consciência do profissional do Direito – nesta categoria incluídos professores e teóricos do Direito – está de tal maneira vinculada ao trabalho no contexto jurisdicional, que não percebe a existência de outra linha de considerações, peculiarmente afeita ao profissional do Direito. De certa forma, é um dos propósitos deste trabalho dar plausibilidade (ainda que não realidade) a esta outra linha, estendendo a noção de incerteza de enunciados normativos a complexos institucionais mais amplos, onde merece exploração.

Em poucas palavras: parece-nos que a estratégia interpretativista consiste, sobretudo, em esforço de idealização do Direito, que ela toma como a expressão institucionalizada de determinados valores éticos. Fundamentalmente, ela busca se valer de elementos, no ordenamento jurídico posto que permitam aperfeiçoar os efeitos do Direito posto, ao aplicá-lo segundo valores humanistas[1] ou progressistas, sem que para isso seja preciso revolucioná-lo. Poucas coisas parecem mais sensatas e importantes.

É necessário entender, entretanto, o funcionamento desse tipo de perspectiva, as consequências jurídicas que representa para o entendimento e a aplicação do Direito Brasileiro hoje. Inicialmente propomos fazê-lo pela identificação dos elementos comuns a essa iniciativa intelectual, ainda que os esforços teóricos que a representam possam ser muito díspares em seu objeto. Há, curiosamente, muita proximidade de método e resultado em trabalhos produzidos em contextos intelectuais bastante segregados.[2] A explicitação dessas consequências deve facilitar a discussão dos limites que essa concepção – que está se tornando gradualmente mais influente no Brasil – apresenta.

Tomemos, por exemplo, o artigo "A caracterização jurídica da dignidade da pessoa humana", de Antônio Junqueira de Azevedo, e o livro *Teoria dos Contratos – Novos Paradigmas*, de Teresa Negreiros. O que os une? Em nossa visão, há pelo menos cinco temas e abordagens em comum.

Em primeiro lugar, há de comum aquilo contra que se insurgem: a crítica e a superação do "modelo dogmático-formal" de entendimento e

---

1. O próprio "valor" do Humanismo não é, entretanto, algo incontroverso. Fazemos referência aqui, entre vários, à crítica de Foucault ao Humanismo. V., por exemplo, apenas por ser a manifestação formal mais recente, "Qu'est-ce que les Lumières", in *Dits et Écrits II*, n. 339, Coleção Quarto, Gallimard, 1984.

2. Consideramos, para nossos propósitos, os trabalhos de autores tão diversos quanto Luís Roberto Barroso, Antônio Junqueira de Azevedo e Teresa Negreiros, indicados na Bibliografia.

aplicação do Direito. Por isso, entendem, fundamentalmente, a descrição weberiana do direito racional moderno, referida ao fim do Capítulo II deste trabalho.

Em segundo lugar, nota-se em comum aquilo que propõem em substituição ao que criticam: a consagração de um valor ético como valor supremo a ser protegido pela ordem jurídica. No contexto da discussão, não há dúvidas de que o valor ou ideal máximo a merecer proteção jurídica é o valor da dignidade humana – de resto, constitucionalmente consagrado.

Em terceiro lugar, tema comum é a ideia de que essa visão deve ser juridicamente concretizada por intermédio de método que permita extrair as consequências a que a consagração desse valor leva para o entendimento global de áreas específicas do Direito – isto é, a adoção desse valor como princípio de unificação e reinterpretação sistemática do Direito, unificação, portanto, de caráter eminentemente axiológico. Esse tema comum é complementado pela ideia segundo a qual as normas jurídicas atuais são veiculadas segundo terminologia "geral", "vaga" e "aberta" – a indeterminação, de maneira menos ambiciosa, inespecificidade dos enunciados normativos, conforme a expressão que usamos na primeira parte – e que cabe ao intérprete conformar seu sentido, de acordo com o princípio unificador eleito.[3]

Por exemplo, Antônio Junqueira de Azevedo defendeu que a dignidade humana, entendida como *intangibilidade da vida humana* (Junqueira especifica vários sentidos para a dignidade humana, sendo esse apenas o primeiro deles), *implica*, por exemplo: (i) a proibição do aborto; (ii) a impossibilidade de introdução da pena de morte no Direito Brasileiro; e (iii) a proibição da eutanásia. É o valor da dignidade humana que dá fundamento e sentido para a legislação específica que trata dessas matérias, inclusive os dispositivos constitucionais expressos que tratam dos temas acima.

Não precisamos abordar em detalhes cada um dos argumentos de Junqueira de Azevedo. Vale apenas a indicação do raciocínio de alguns deles. Assim, como mencionado acima, a proibição do aborto no Direito Brasileiro (Código Penal de 1940) deve ser entendida como uma decor-

---

3. Como o exprime, paradigmaticamente, Luís Roberto Barroso: "Na medida em que cabe *[aos juízes]* atribuir sentido a expressões vagas, fluidas e indeterminadas, como dignidade da pessoa humana, direito de privacidade ou boa-fé objetiva, tornam-se, em muitas situações, coparticipantes do processo de criação do Direito" ("Judicialização, ativismo judicial e legitimidade democrática", disponível em *http://www.oab.org.br/oabeditora/users/revista/1235066670174218181901.pdf*, acesso em 5.1.2011).

rência da proteção da dignidade humana, prevista na Constituição Federal de 1988. Corolário desse raciocínio é que a exceção à criminalização do aborto no Código Penal para casos de gravidez resultante de estupro deve ser entendida não como tornando o aborto menos "ilícito" (já que, segundo Junqueira de Azevedo, a eliminação do feto elimina a dignidade do feto, mas somente "fere" (não elimina) a dignidade da mulher), apenas um ato que não será punido. Já, no caso de gravidez de risco (a outra exceção à criminalização do aborto prevista no Código Penal) o ato não seria ilícito, já que estaria em jogo "vida humana *versus* vida humana".

Além da intangibilidade da vida humana, a proteção da dignidade humana também pode ser entendida, segundo Junqueira de Azevedo, como respeito à integridade física e psíquica da pessoa humana. Nesse caso, por exemplo, Junqueira de Azevedo reinterpreta a obrigação de segurança do consumidor (prevista nos arts. 8º, 9º e 10 do Código de Defesa do Consumidor/CDC, seção "Da Proteção à Saúde e Segurança") como tendo fundamento constitucional, o que tornaria a responsabilidade de fornecedores, em matéria de danos à pessoa, sempre objetiva como regra, e subjetiva apenas como exceção. O corolário disso é que em qualquer relação de consumo, somente haverá responsabilidade subjetiva quando houver lei expressa (por exemplo, em caso responsabilidade médica, e mesmo nesse caso o ônus da prova deve ser entendido como inverso, isto é, do médico). Ou seja: mais uma parcela do Direito reinterpretada.

Além da intangibilidade da vida humana e do respeito à integridade física e psíquica da pessoa humana, Junqueira de Azevedo entende que a proteção da dignidade humana também resulta no respeito às *condições mínimas de vida*. Assim, entre vários casos, Junqueira de Azevedo trata da consequência contratual do princípio: contratos não devem ser cumpridos quando sua execução leva a gastos excessivos não previstos que resultam em dificuldades de sobrevivência ou subsistência do obrigado. (Obviamente, essa conclusão pode colidir com outros valores constitucionalmente consagrados – e também extraíveis, ao menos nominalmente, da dignidade humana, como a liberdade de contratar, por exemplo – e que são considerados essenciais ao direito contratual; mas a preocupação não é tratada por Junqueira de Azevedo.)

Por comparação, Teresa Negreiros insere-se de maneira mais autoprofessada que Junqueira de Azevedo no movimento intelectual de melhoramento social por intermédio do Direito, especificamente na área do direito privado, que busca dar unidade sistemática ao Direito a partir de valores constitucionalmente consagrados, especialmente, novamente, o valor da dignidade humana.

A preocupação inicial de Negreiros é identificar qual o sentido global das transformações a que se sujeitaram as categorias de direito privado no século XX. Esse sentido ela encontra no "centro axiológico" da dignidade humana, entendida não meramente como a proteção da esfera de individualidade de indivíduos autossuficientes e autônomos, mas como o "compromisso social de erradicar a pobreza e as desigualdades regionais que ferem essa dignidade", espelhando a dicção constitucional dos objetivos da República. Assim, ela afirma ser sua ambição "sustentar que o sentido unificante, capaz de articular tantas e tão numerosas transformações ocorridas no direito civil contemporâneo e de lhes conferir coerência valorativa, se constrói por meio da permanente remodelação do direito civil à imagem da Constituição Federal e do projeto social ali plasmado".

Como exemplos das transformações do direito civil a que se refere (e cuja "unidade axiológica", reiteramos, encontra na consagração de princípios constitucionais, como a solidariedade social, o valor social da livre iniciativa, a dignidade da pessoa humana e a igualdade material), Teresa Negreiros menciona disposições do Código do Consumidor e as cláusulas gerais (boa-fé, equilíbrio econômico e função social) do novo Código Civil brasileiro e de outros conjuntos normativos.[4] Dessa estrutura argumentativa retira consequências práticas, como uma classificação dos contratos segundo seu caráter "existencial" ou "patrimonial", para fins de evitar a aplicação estrita de textos contratuais ("mitigação de sanções") contra pessoas em situação de vulnerabilidade, e uma classificação de bens segundo sua essencialidade, sobretudo para fins da discussão quanto à sua penhorabilidade e excussão (e quanto à extensão dos efeitos da qualificação como "bem de família").

5.2 A ideia de mínimo existencial

Surpreendentemente ou não, a defesa de uma ideia como a do mínimo existencial segue, quase como em um espelho, a mesma estrutura de raciocínio acima. Examinemos em mais detalhes do que se trata e como se desenvolve o argumento. Optamos por examinar os elementos de maneira sistemática, a partir do pensamento de vários autores que se dedicaram

---

4. Por exemplo, no parágrafo único do art. 116 e no art. 154 da Lei das S/A (6.404/1976) e no ainda vigente art. 5º da Lei de Introdução às Normas do Direito Brasileiro.

ao tema, e não vinculada a único autor.[5] Deixamos as duas características comuns restantes da estratégia interpretativista para o final deste tópico.

Mínimo existencial consiste em conjunto de bens e serviços que devem ser mantidos à disposição de qualquer pessoa (aqui, no sentido de indivíduo, pessoa humana) que deles necessite para levar vida condigna. A extensão das utilidades incluídas no mínimo existencial varia conforme o autor que a descreve. Em todos inclui, ao menos, os requisitos indispensáveis à sobrevivência, como alimento, moradia, vestuário. Em alguns inclui o conjunto de prestações previsto na Constituição brasileira como serviços públicos ou bens de interesse público: educação, saúde (no sentido de assistência clínica ou de infraestrutura, como saneamento básico), Previdência Social (por desemprego e aposentadoria), Assistência Social, acesso a bens culturais ("mínimo existencial sociocultural") e, instrumentalmente, acesso à Justiça, assim como distribuição de recursos diretamente a indivíduos ou a instituições assistenciais (subvenções) e abstenções que impeçam a fruição de tais bens e serviços (por exemplo, imunidades tributárias).

Sua garantia implica deveres (comissivos e omissivos) do Estado e posições de sujeição de particulares, juridicamente exigíveis e reconhecíveis perante o Judiciário, embora os autores divirjam quanto aos beneficiários cujo "estado de necessidade" os legitima a pleitear a atuação judicial: apenas os miseráveis (pobreza absoluta) ou também aqueles em situação de pobreza relativa, definidas a pobreza absoluta e a relativa unicamente segundo parâmetros monetários (renda inferior a determinado patamar, oficial ou estipulado) ou também segundo parâmetros mais amplos de vulnerabilidade (mulheres grávidas solteiras, por exemplo). Segundo o raciocínio, aqueles que não são elegíveis como beneficiários, nos termos acima, não podem exigir o mínimo existencial judicialmente, e devem se submeter às decisões do processo político (políticas públicas implementadas pelo Executivo ou disposições legais editadas pelo Legislativo).

A medida judicial pleiteada pode abranger desde a determinação à autoridade competente para prover ao indivíduo aquele elemento do mínimo existencial de que necessita, incluindo a ordem para prática dos atos orçamentários daí decorrentes, até o sequestro de recursos públicos. Adicionalmente, com efeitos no âmbito privado, pode incluir a revisão

---

5. Para fins da discussão que segue tomamos como exemplares do melhor desenvolvimento da ideia de *mínimo existencial* as obras de Ricardo Lobo Torres, Ingo Sarlet e Ana Paula Barcellos, citadas na Bibliografia.

de contratos (por exemplo, para evitar que indivíduo em situação de vulnerabilidade tenha sua situação agravada pelos ônus do cumprimento contratual estrito, como no caso de prestações em pagamento a financiamento de moradia, ou, de outro ângulo, para obrigar empresas privadas a prestar serviços necessários à preservação de condições existenciais mínimas de indivíduos, ainda que não contratualmente previstos, como no caso de planos de saúde) e a declaração de inconstitucionalidade de legislação tomada como base para realização de negócios jurídicos (por exemplo, invertendo a expressa previsão legal que admite a penhora de bem de família dado em garantia de locação ou cuja liquidação sirva para saldar dívidas condominiais).

O fundamento do dever estatal é, tipicamente, a proteção da dignidade humana e da liberdade (para fazer opções, permitindo que a pessoa não se sujeite a situações de indignidade), previstas na Constituição brasileira. Em formulações mais ambiciosas, o fundamento é "pré-constitucional (...), ancorad[o] na ética e se fundamenta na liberdade, ou, melhor, nas condições iniciais para o exercício da liberdade, na ideia de felicidade, nos direitos humanos e nos princípios da igualdade e da dignidade humana".[6]

Do ponto de vista dogmático, implica a criação e a defesa da noção de princípio como espécie de norma jurídica e a atribuição a ele de posição hierárquica superior no rol de normas jurídicas, conformadora do sentido das demais, inclusive porque o mínimo existencial, enquanto tal, não está expressamente previsto na Constituição brasileira ("a garantia (e direito fundamental) do mínimo existencial independe de expressa previsão constitucional para ser protegida, visto que decorre já da proteção da vida e da dignidade humana").

Adicionalmente, a justificativa dogmática inclui a noção de que direitos sociais são também "fundamentais", "autoaplicáveis", "imediatamente exigíveis", de "eficácia plena", independentemente de sua posição no texto constitucional (isto é, constem ou não do art. 5º ou mesmo do Título II da Constituição). O alcance da "autoaplicação" deve, por sua vez, ser estabelecido "contextualmente", segundo "sopesamento" das "circunstâncias concretas".

A argumentação também é, em geral, acompanhada pela atenuação da distinção conceitual entre "direitos negativos" ou "de cunho defensivo", que demandariam do Estado a abstenção e que estariam associados

---

6. As formulações que seguem são de Ricardo lobo Torres, *O Direito ao Mínimo Existencial* (Rio de Janeiro, Renovar, 2009), livro em que coligiu seus estudos sobre o tema produzidos ao longo de vários anos.

às chamadas "liberdades públicas", ou "direitos fundamentais de primeira geração" (por exemplo, deixar de criar empecilhos à liberdade de expressão), e "direitos positivos", que demandariam prestação estatal ativa e que estariam associados ao desenvolvimento do Estado de Bem--Estar Social (por exemplo, criar sistema previdenciário público e prestar serviços de saúde). A atenuação se faz pela demonstração, por um lado, de que direitos sociais também têm dimensão "negativa" (por exemplo, direito de greve e liberdade de associação sindical) e, por outro lado, de que "liberdades públicas" têm dimensão "positiva" (por exemplo, a necessidade de criação e manutenção de estrutura judicial e policial para sua preservação). O propósito da atenuação da distinção é, fundamentalmente, mostrar que direitos fundamentais tipicamente liberais também representam custos ao Estado, de maneira a antecipar a objeção de que preservar direitos sociais em geral, e o mínimo existencial em particular, seria muito caro.

Ainda do ponto de vista dogmático, a garantia do mínimo existencial demanda a qualificação de ações possíveis entre aquelas previstas no regramento processual, sobretudo partes legítimas para pleitear perante o Judiciário (indivíduos e organizações públicas ou privadas), meios possíveis de ação (ação civil pública, mandado de injunção e mandado de segurança) e remédios passíveis de obtenção. Nesse sentido, fala-se em um *status ativus processualis* relativamente ao mínimo existencial.

Adicionalmente, costumam ser acrescidos à discussão do mínimo existencial argumentos (sobretudo de autoridade) de caráter filosófico e moral relativamente à necessidade de preservação do mínimo existencial nas diversas sociedades. Não se chega, entretanto, a especificar como as pretensões filosóficas se transformam em direito vinculante.

Os três elementos em comum definidores da estratégia interpretativista, descritos no item 5.1, já mereceriam estudo específico, pela sua raridade: inimigo intelectual (modelo dogmático-formal do direito), proposta (eleição de um valor moral ou ético, constitucionalmente consagrado, como princípio unificador e explicativo do direito posto) e método (reinterpretação sistemática do direito posto a partir do valor eleito) comuns são eventos singulares no mundo jurídico, cuja existência deve ser celebrada, inclusive.

Entretanto, a descrição acima da discussão sobre o mínimo existencial ajuda a tornar salientes outros dois temas comuns. Um quarto tema em comum é o tema da legitimação – o entendimento de que as consequências extraídas da concretização do valor em questão não são meras "criações" ou "manipulações conceituais" do profissional do

Direito, mas consequências legítimas da interpretação do Direito. Isto é: não são consequências que resultam apenas da vontade dos autores de que elas estivessem presentes, são consequências reconhecíveis como propriamente "jurídicas".

Para tanto, entende-se como necessária a superação de alguns obstáculos, vinculados, sobretudo, à ideia de separação de Poderes e de legitimidade democrática. Esse caminho teórico também é trilha comum.

Tipicamente, o que se procura mostrar é a incapacidade da ideia de separação de Poderes, considerada em sua versão trinitária clássica (atribuída a Montesquieu), para dar conta das transformações da sociedade, sobretudo no século XX. Descreve-se, sobretudo, o processo de "desneutralização" do Judiciário, coetâneo à emergência do Estado de Bem-Estar Social, e sua correspondente associação a programas finalísticos. Não é o caso de repetir, neste trabalho, os traços principais dessa transformação, já bem consolidada em estudos conhecidos.

A descrição da mudança do papel do Judiciário – algo praticamente incontroverso –, que é formulada para antecipar críticas de invasão de competência e ilegitimidade, vem acompanhada por conclusão que alguns poderiam qualificar de *non sequitur*, mas que, em geral, se tem seguido: a expansão da atuação do Judiciário não apenas foi inevitável, mas é também desejável, ainda que "dentro de alguns limites". O que se procura mostrar é que a expansão da atuação do Judiciário e a consequente "flexibilização" da separação de Poderes são necessárias para fazer face às demandas do Direito contemporâneo (por exemplo, o reconhecimento da "normatividade da Constituição", sobretudo da Constituição que compreende direitos sociais) e que essa atuação pode, sim, implicar certa preponderância do Judiciário por comparação ao Executivo e ao Legislativo, mas que esse novo "balanço de forças" seria justificável. Ou seja: a tese é a de que a separação de Poderes, em sua versão convencional, é tanto descritiva quanto normativamente insuficiente. E a alternativa explorada – a "flexibilização" – implica, ao menos, uma equalização dos pesos dos três elementos da equação.

Admitida a flexibilização da chamada "separação de Poderes", a expansão da atuação do Poder Judiciário precisa enfrentar a objeção segundo a qual sua incursão em questões propriamente políticas (definição de prioridades do Estado, respectivas formas de financiamento e de distribuição de gastos, por exemplo) seria desprovida de legitimidade democrática, uma vez que, em poucas palavras, os membros do Judiciário não são eleitos pelo povo.

Nesse ponto, duas justificativas costumam ser enunciadas: de um lado, a fragilidade da assimilação, *tout court*, entre democracia e voto majoritário. O que se afirma, sinteticamente, é que o voto majoritário na democracia não tem (por exemplo, no nosso caso, por intermédio de expressa determinação constitucional), e não deveria ter, alcance para suprimir ou mitigar o respeito a direitos fundamentais. Em segundo lugar, responde-se que a composição do Judiciário, ao menos nos órgãos de cúpula, se dá mediante indicação e aprovação pelos Poderes eleitos, ou seja, seus membros seriam dotados de representatividade, ainda que indireta.

Além dos esforços de legitimação acima descritos, é possível identificar um quinto elemento comum, que é menos visível, quanto ao papel característico do profissional do Direito, e que, para os nossos fins, é o que mais importa. O tema comum é a defesa do papel do profissional do Direito (seja um juiz, seja um jurista, seja um advogado que deve persuadir um juiz) como colaborador para a melhoria gradual das condições sociais, mediante a execução da tarefa de reinterpretação sistemática do Direto estabelecido, pela "concretização jurídica" de valores como o valor da dignidade humana (e outros a ele associados). Mas qual tarefa do profissional do Direito emerge dessa discussão? Quais os limites dessa maneira de entender a tarefa do profissional do Direito?

A tarefa que emerge da tarefa interpretativista é clara: mais interpretação ou, em termos menos simplórios, a criação de critérios, *standards* e parâmetros (sinônimos, para esse fim) mais robustos que possam auxiliar o juiz na sua tarefa de aplicação do Direito nos complexos conflitos e circunstâncias sociais que enfrenta. É isso que cabe ao profissional do Direito, que, ao fazê-lo, aperfeiçoa o Direito.

Aliás, o conjunto dos elementos acima representa tarefa que não é considerada relevante apenas para autores teóricos e doutrinadores, mas informa o trabalho dos profissionais do Direito em geral (juízes, juristas e advogados que têm que convencer um juiz de algum argumento), que, na solução de casos jurídicos, devem justificar-se de acordo com tais critérios. A força atrativa dessa atitude para o profissional jurídico é quase irresistível, e representa o modelo de boa atuação profissional.

E qual o problema com isso? Fundamentalmente, o problema é que o esforço interpretativo precisa, por definição, pressupor determinada configuração institucional dos órgãos incumbidos da aplicação e que, normalmente, o pressuposto tomado como dado pela estratégia interpretativista é a naturalização das formas conhecidas de separação de Poderes, como se esta tivesse alguma característica essencial e expressão institucional necessária (Executivo, Legislativo e Judiciário).

5.3 O exemplo do nepotismo

Para ilustrar preliminarmente o problema a que nos referimos, considere-se o exemplo, deliberadamente estereotipado, a seguir.

Imagine-se que o Congresso Nacional tenha optado por eliminar ou reduzir significativamente a prática do nepotismo no preenchimento de cargos em comissão. Qual a melhor maneira de fazê-lo?

A saída típica seria a criação de uma lei com o seguinte conteúdo: "Fica vedado o nepotismo no preenchimento de cargos em comissão disponíveis a membros do Congresso Nacional" (disposição, evidentemente, complementada pela definição do que seja *nepotismo* – por exemplo, "a indicação de parentes até o x grau").[7]

Ocorre que, pela prática do notório "nepotismo cruzado", o dispositivo legal acima poderia ser contornado pelo acordo informal entre membros do Congresso no sentido de que um deles indicaria parentes do outro para seu gabinete, e vice-versa.

A solução? "Fica vedado o nepotismo, assim entendida a indicação de parentes até o x grau no preenchimento de cargos em comissão disponíveis ao membro do Congresso, inclusive mediante fraude",[8] na expectativa da criação de mecanismos de verificação da existência da prática do nepotismo cruzado, e caberia ao Judiciário avaliar, no caso concreto, a existência, ou não, da prática.

É evidente a limitação do mecanismo acima. Poder-se-ia aperfeiçoar a interpretação, atribuir ao Judiciário o poder de preencher sua "textura aberta" com fundamento em traços e princípios constitucionais de extrema relevância (o caráter republicano do Estado Brasileiro, a moralidade, impessoalidade etc.). Porém, talvez a única maneira de coibir efetivamente a prática em questão seja simplesmente extinguir ou limitar significativamente os cargos em comissão. Essa não é, entretanto, uma estratégia que o interpretativista considera relevante ao profissional do Direito, enquanto tal (talvez, apenas, enquanto cidadão).

Ocorre que só é assim porque, entre outras circunstâncias desconsideradas, esquece-se que o profissional do Direito não trabalha apenas com a aplicação de arranjos normativos. Trabalha, também, na condição de profissional do Direito, como arquiteto de arranjos normativos. É assim, ao menos, se Fuller estiver certo.

---

7. É possível encontrar, por simples consulta ao sítio do Congresso Nacional na Internet, inúmeras propostas no sentido indicado no texto.

8. Idem à nota anterior.

Capítulo 6

INTRODUÇÃO A LON L. FULLER:
LIMITES À ATUAÇÃO JURISDICIONAL

6.1 Tarefas policêntricas. 6.2 A resposta interpretativista: Fiss. 6.3 Consolidando o debate sobre atuação jurisdicional.

6.1 Tarefas policêntricas

Nossa pretensão é desenvolver o tema da análise institucional no pensamento de Fuller de maneira ampla e não restrita ao contexto jurisdicional. Entretanto, ponto de partida útil pode ser exatamente sua análise sobre esse contexto, que examinamos no que segue.

A tese central do texto mais explícito de Fuller a respeito da questão, "The forms and limits of adjudication",[1] é a de que certas tarefas, a que ele dá o nome de "policêntricas",[2] são intrinsecamente incompatíveis com a atividade jurisdicional. Nosso objetivo, neste tópico, é entender essa ideia e como o autor a sustenta.

Para tanto, podemos decompor a tese em dois elementos. Primeiro: O que torna uma tarefa policêntrica? (A). E segundo: Por que o autor acredita que a atividade jurisdicional "verdadeira" não é apta para realizá-la? (B).

1. Lon L. Fuller, "The forms and limits of adjudication", *Harvard Law Review* 92/353, 1978. Ao longo deste trabalho traduziremos *adjudication* por "atividade jurisdicional". A referência a esse texto é sempre extraída do livro de Kenneth Winston (ed.), *The Principles of Social Order: Selected Essays of Lon L. Fuller*, 2ª ed., Oxford, Hart Publishing, 2001, citado na Bibliografia.

2. Fuller menciona que a ideia de "tarefas policêntricas" é retirada da obra de Michael Polanyi, *The Logic of Liberty* (University of Chicago Press, 1951).

(A) *O que torna uma tarefa policêntrica?* – Fuller não define, de maneira direta, o que sejam tarefas policêntricas. Vale-se de exemplos e da indicação de traços parciais da ideia.³
Inicialmente relatamos dois exemplos importantes para o autor. O primeiro exemplo refere-se à questão, posta a um juiz, de como dividir determinados bens entre beneficiários de um inventário:

> [A] wealthy lady by the name of Timken died in New York leaving a valuable, but somewhat miscellaneous, collection of paintings to the Metropolitan Museum and the National Gallery "in equal shares", her will indicating no particular apportionment. When the will was probated the judge remarked something to the effect that the parties seemed to be confronted with a real problem. The attorney for one of the museums spoke up and said, "We are good friends. We will work it out somehow or other". (...). Any judge assigned to hear such an argument would be tempted to assume the role of mediator or to adopt the classical solution: Let the older brother (here the Metropolitan) divide the estate into what he regards as equal shares, let the younger brother (the National Gallery) take his pick.⁴

O segundo exemplo refere-se à definição de preços em um hipotético País socialista: "Suponha que, em um País socialista, fosse decidido que todos os salários e preços seriam definidos por Cortes, que procederiam pelas formas jurisdicionais usuais".⁵

Para Fuller a atividade jurisdicional não é apta a executar as tarefas objeto de ambos os exemplos. Em suas palavras, "[i]t is, I assume, obvious that here is a task that could not successfully be undertaken by the adjudicative method".

Como mencionado, tais tarefas são o que Fuller designa de "tarefas policêntricas". Quais características de tarefas policêntricas podem ser deduzidas por intermédio de tais exemplos? Em quê, exatamente, consiste a tarefa considerada policêntrica em cada um dos casos?

No caso dos quadros da Sra. Timken, se a tarefa do juiz fosse declarar se o testamento é válido ou não, se a questão fosse decidir se era

---

3. Comentadores autorizados da obra de Fuller constantemente se referem à maneira pouco sistemática como esse autor escreve. V., por todos, a coletânea de artigos organizada por Willem J. Witteveen e Wibren van der Burg, *Rediscovering Fuller: Essays on Implicit Law and Institutional Design*, Amsterdã, Amsterdam University Press, 1999.

4. Kenneth Winston (ed.), *The Principles of Social Order: Selected Essays of Lon L. Fuller*, cit., 2ª ed., p. 126.

5. Idem, ibidem.

intenção dela que a *National Gallery* ficasse com os quadros de Renoir e com os quadros de Cézanne, claramente tais questões não seriam policêntricas para Fuller.

Da mesma forma, no caso do País socialista, não é o fato de serem muitos os preços a serem definidos pelos tribunais que torna o problema policêntrico.

Então, o que é necessário para definirmos se a distribuição dos quadros é policêntrica? Segundo o próprio Fuller:

> What makes this problem of effecting an equal division of the paintings a polycentric task? It lies in the fact that the disposition of any single painting has implications for the proper disposition of every other painting. If it gets the Renoir, the Gallery may be less eager for the Cezanne but all the more eager for the Bellows, etc. If the proper apportionment were set for argument, there would be no clear issue to which either side could direct its proof and contentions.[6]

No caso do País socialista, assim observa Fuller:

> The point that comes first to mind is that courts move too slowly to keep up with a rapidly changing economic scene. The more fundamental point is that the forms of adjudication cannot encompass and take into account the complex repercussions that may result from any change in prices or wages. A rise in the price of aluminum may affect in varying degrees the demand for, and therefore the proper price of, thirty kinds of steel, twenty kinds of plastics, an infinitude of woods, other metals, etc. Each of these separate effects may have its own complex repercussions in the economy. In such a case it is simply impossible to afford each affected party a meaningful participation through proofs and arguments. It is a matter of capital importance to note that it is not merely a question of the huge number of possibly affected parties, significant as that aspect of the thing may be. A more fundamental point is that each of the various forms that award might take (say, a three-cent increase per pound, a four-cent increase, a five--cent increase, etc.) would have a different set of repercussions and might require in each instance a redefinition of the "parties affected".[7]

A partir desses dois exemplos é possível discernir dois elementos relacionados, porém distintos, necessários para definir se uma tarefa é policêntrica, ou não, para Fuller. Não se trata de indicar serem ambas as tarefas "difíceis" ou que afetam muitas pessoas.

6. Idem, ibidem.
7. Idem, p. 127.

O primeiro elemento é a pressuposição de que a definição quanto a um elemento da tarefa afeta a definição dos elementos seguintes – um efeito sistêmico. A metáfora de que Fuller se vale é a de uma teia de aranha:

> We may visualize this kind of situation by thinking of a spider web. A pull on one strand will distribute tensions after a complicated pattern throughout the web as a whole. Doubling the original pull will, in all likelihood, not simply double each of the resulting tensions but will rather create a different complicated pattern of tensions. This would certainly occur, for example, if the doubled pull caused one or more of the weaker strands to snap. This is a "polycentric" situation because it is "many centered" – each crossing of strands is a distinct center for distributing tensions.[8]

O segundo elemento é a possibilidade, ou não, de transformar a decisão tomada em um princípio universalizável para outras decisões, princípio para cuja aplicação as partes afetadas possam participar oferecendo provas e argumentos justificados (*reasoned arguments*). A ilustração dada por Fuller é a da construção de uma ponte:

> There are rational principles for building bridges of structural steel. But there is no rational principle which states, for example, that the angle between girder A and girder B must always be 45 degrees. This depends on the bridge as a whole. One cannot construct a bridge by conducting successive separate arguments concerning the proper angle for every pair of intersecting girders. One must deal with the whole structure.[9]

Pode-se perceber, ainda, como o interesse dos museus, em um caso, e o bom funcionamento da economia, em outro, são importantes para caracterizar o "caráter policêntrico" de uma tarefa. Porém, caso o Judiciário resolvesse as questões desses exemplos ignorando sua responsabilidade quanto a esses elementos (interesses e funcionamento da economia), isso tornaria a tarefa menos policêntrica? E – mais interessante – isso significaria que as decisões em que o Judiciário não se preocupa com consequências sociais poderiam também ser redescritas como parte de uma tarefa policêntrica?

Assim, é importante distinguir no argumento de Fuller a ideia corriqueira de que tribunais ou juízes não conseguem realizar tarefas com-

---

8. Idem, p. 128.
9. Idem, pp. 138.

plexas porque são incapazes de dar soluções boas a esses problemas (por exemplo, "os juízes não entendem de Economia") da ideia de que seria impossível ou inadequado que as partes apresentassem provas e argumentos justificados para todas as escolhas que precisam ser feitas para realizar uma tarefa.

Isto é: o que é importante para caracterizar tarefas policêntricas não seria o fato de que um juiz faria uma distribuição sub-ótima dos quadros em face dos interesses das partes, mas, sim, que o juiz não teria como justificar a distribuição a partir de um princípio universalizável.

Aliás, não se trata de as partes saberem como chegar a uma distribuição satisfatória, e o juiz não. As partes poderiam, na verdade, encontrar grande dificuldade em concordar sobre uma divisão dos quadros; mas, novamente, Fuller diria que elas (as partes) são aptas a lidar com tarefas policêntricas porque não precisam justificar sua escolha a partir de razões universalizáveis.

É evidente, ainda, que uma decisão precisaria ser tomada no caso dos quadros da Sra. Timken. Provavelmente, no entanto, supondo que não houvesse acordo entre os Museus, o juiz acabaria tendo que agir como um mediador ou usando uma regra que estabelecesse um procedimento para as partes decidirem. Nesse caso, Fuller distinguiria entre a organização burocrática Poder Judiciário e a atividade jurisdicional: o Poder Judiciário (a burocracia estatal que o compõe) estaria, nesse caso, executando uma tarefa não jurisdicional.

Ao identificar o que torna tarefas policêntricas, pode-se discutir mais a fundo por que o autor considera tais tarefas inadequadas para a atividade jurisdicional.

(B) *Atividade jurisdicional: objetivos* – A atividade jurisdicional é para Fuller caracterizada pela exigência de certo tipo de racionalidade. Com efeito, Fuller distingue diferentes formas de ordenação social, e atribui a elas um papel próprio e uma forma de expressão institucional própria, a partir da definição de uma racionalidade peculiar a cada uma. Essa racionalidade ele encontra na maneira como as partes afetadas participam do processo de ordenação e decisão.

O autor distingue a atividade jurisdicional de dois outros tipos "básicos" de ordenação social: a *organização por objetivos comuns* e a *organização por reciprocidade*. Ele associa essas duas formas básicas de organização social, então, aos interesses dos participantes ("querer a mesma coisa" ou "querer coisas diferentes"). E afirma que tais formas de ordenação podem assumir diferentes graus de institucionalização, sendo que "é apenas quando uma forma específica de ordenação explicitamente disciplina uma relação que se pode destacá-la claramente por comparação a formas alternativas de comparação".[10] Isso o leva a identificar "eleições" como a formalização mais conhecida da organização por objetivos comuns e "contrato" como a expressão mais formal e explícita da reciprocidade.

Conforme a lógica que propõe, Fuller distingue contratos, eleições e atividade jurisdicional pelo modo de participação da parte afetada. (Não são as únicas formas de ordenação, mas são formas importantes.) No caso da atividade jurisdicional, as partes participam do processo de decisão apresentando argumentos justificados (a partir de princípios universalizáveis, isto é, aplicáveis a vários casos) e provas. No caso de eleições as partes participam votando. No caso de contratos as partes participam negociando.

Deste modo, percebe-se como pode o autor não identificar na "posição peculiar do juiz" ou na "autoridade estatal" a "essência" da atividade jurisdicional e como pode ele não circunscrever a atividade jurisdicional aos "casos em que direitos são declarados". Um árbitro de futebol "declara direitos", em certo sentido, mas não o faz garantindo às partes interessadas a oportunidade de serem ouvidas.

Podemos entender melhor, então, a ideia de que a atividade jurisdicional não é apta a lidar com tarefas policêntricas. A premissa necessária do argumento de Fuller é a de que a transposição de uma racionalidade de ordenação social a outra não é adequada. Especificamente com relação aos limites da atividade jurisdicional, por exemplo, ele observa que "the incapacity of a given area of human activity to endure a pervasive delimitation of rights and wrongs is also a measure of its incapacity to respond to a too exigent rationality, a rationality that demands an immediate and explicit reason for every step taken".[11]

Evidentemente, o objetivo de Fuller ao buscar uma definição das características essenciais da atividade jurisdicional é delas poder deduzir seus limites. (É importante notar isso, porque não é claro até que ponto o argumento de Fuller procura descrever algo e quando ele passa a prescrever algo: a forma como ele é construído tende a obscurecer essa diferença.) Entretanto, para nossos propósitos, o que interessa destacar, para posterior desenvolvimento, é a ideia segundo a qual somente conse-

10. Idem, p. 106.
11. Idem, p. 109.

guimos entender o papel e as características institucionais adequadas da atividade jurisdicional se entendemos as diversas formas de organização institucional de determinada sociedade.

6.2 A resposta interpretativista: Fiss

Antes do exame da ideia mais ampla de Fuller, registramos como nos parece que a estratégia interpretativista responderia a Fuller quanto ao papel da atividade jurisdicional. Para tanto, tomamos como exemplo o pensamento de Owen Fiss, exatamente por oferecer uma visão oposta à de Fuller, por ser, a nosso ver, estritamente compatível com aquela estratégia e por fornecer elementos novos que propiciarão nossa discussão de maneira mais direta em seguida.[12]

O ponto de partida do raciocínio de Fiss é o que ele chama de "necessidade constitucional". Segundo o autor, além de definir a estrutura do Estado, a Constituição (no caso, a Constituição estadunidense) identifica valores, que disciplinam e informam a atuação do Estado. Ocorre que tais valores (os exemplos são típicos: liberdade, igualdade, devido processo legal, segurança e proteção à propriedade etc.) são ambíguos e podem conflitar entre si. A "necessidade constitucional" consiste, portanto, na obrigação de, em casos concretos, tornar tais valores operacionais e estabelecer prioridades entre eles. Ou seja: Fiss vê como o cerne da atividade jurisdicional a *atribuição de sentido concreto a valores públicos, constitucionalmente reconhecidos*.[13]

A necessidade constitucional vincula a todos, indivíduos e Estado. Dentro do Estado, vincula o Executivo e o Legislativo, claramente, mas não só: vinculado está também o Judiciário. Fiss define a atividade jurisdicional, então, como sendo o processo pelo qual *juízes* – determinados agentes públicos dotados de características institucionais e profissionais próprias – têm a incumbência de atribuir sentido concreto a valores públicos, constitucionalmente consagrados.

12. Os textos que tomamos como representativos do pensamento do autor são, basicamente, "The forms of justice", *Harvard Law Review* 93/1 (1979), e "Objectivity and interpretation", *Stanford Law Review* 34/739 (1982) (há tradução brasileira de ambos, além de alguns outros textos do autor sobre o tema, em Owen Fiss, *Um Novo Processo Civil: Estudos Norte-Americanos sobre Jurisdição, Constituição e Sociedade*, São Paulo, Ed. RT, 2004. As referências àqueles textos serão sempre extraídas deste último livro).

13. Owen Fiss, "As formas de justiça", in Owen Fiss, *Um Novo Processo Civil: Estudos Norte-Americanos sobre Jurisdição, Constituição e Sociedade*, p. 25.

Mas Fiss distingue entre dois tipos de atividade jurisdicional: "reforma estrutural" e "solução de controvérsias". A reforma estrutural seria a atividade jurisdicional que reconhece que grandes organizações – e não apenas indivíduos isolados – têm papel crescentemente relevante na vida em sociedade.[14]

Para ilustrar mais concretamente a diferença entre os dois tipos de atividade jurisdicional, vale a pena citar, de maneira mais extensa, a referência de Fiss à maneira como atuou o Judiciário estadunidense na reorganização do sistema escolar daquele País, nos moldes das decisões que seguiram "Brown *versus* Board of Education":

> As a genre of constitutional litigation, structural reform has its roots in the Warren Court era and the extraordinary effort to translate the rule of "Brown *versus* Board of Education" into practice. This effort required the courts to radically transform the status quo, in effect to reconstruct social reality. The courts had to overcome the most intense resistance, and, even more problematically, they had to penetrate and restructure large-scale organizations, public school systems. The imagery was rural and individualistic – the black child walking into an all-white school – but the reality, especially by the mid-1960's, as the focus shifted to the urban centers and the nation at large, was decidedly bureaucratic.
>
> *Brown* was said to require nothing less than the transformation of "dual school systems" into "unitary, nonracial school systems", and that entailed thoroughgoing organizational reform. It required new procedures for the assignment of students; new criteria for the construction of schools; reassignment of faculty; revision of the transportation systems to accommodate new routes and new distances; reallocation of resources among schools and among new activities; curriculum modification; increased appropriations; revision of interscholastic sports schedules; new information systems for monitoring the performance of the organization; and more. In time it was understood that desegregation was a total transformational process in which the judge undertook the reconstruction of an ongoing social institution. Desegregation required a revision of familiar conceptions about party structure, new norms governing judicial behavior, and new ways of looking at the relationship between rights and remedies.[15]

---

14. A reforma estrutural é "baseada na noção de que a qualidade de nossa vida social é afetada de forma significativa pela operação de organizações de grande porte e não somente por indivíduos" (in Owen Fiss, *Um Novo Processo Civil: Estudos Norte-Americanos sobre Jurisdição, Constituição e Sociedade*, cit., p. 27).

15. Owen Fiss, *Um Novo Processo Civil: Estudos Norte-Americanos sobre Jurisdição, Constituição e Sociedade*, cit., pp. 27-28.

Os mencionados "procedimentos para a escolha de alunos; novos critérios para a construção de escolas; redistribuição de professores; revisão dos sistemas de transporte, para refletir novos trajetos e distâncias; realocação de recursos entre escolas e novas atividades; modificação curricular; aumento de verbas; a revisão de calendários de atividades esportivas entre escolas; novos sistemas de informação para monitorar o desempenho da organização; e muito mais" não foram apenas objeto de ordens judiciais abstratas, mas também definidos e detalhados, e tiveram sua implementação fiscalizada por juízes.

Assim, esquematicamente, a distinção entre a "reforma estrutural" e a "solução de controvérsias" pode ser assim descrita:

	Solução de Controvérsias	Reforma Estrutural
Objeto	condutas	práticas ou organizações
Partes	individuais	coletivas ou transindividuais
Tipo de provimento judicial	atribuição de direitos/deveres	reestruturação institucional, administração e monitoramento

Faz parte do raciocínio de Fiss postular certa continuidade entre casos "comuns" e casos de reforma estrutural. Nos dois tipos de casos, segundo ele, o juiz desempenha a mesma função, "fazendo valer as normas públicas existentes e, consequentemente, protegendo sua completude, ou formulando novas normas". Ou seja: a "reforma estrutural" não é uma atividade excepcional para Fiss, mas define um modo de atuação típico do Judiciário.

Com efeito, em uma inversão contraintuitiva porém coerente com seu argumento, Fiss entende que as questões normalmente tratadas como "solução de controvérsias" – ele se refere a "controvérsias privadas", que só digam respeito às partes imediatamente envolvidas, sem "ameaçar ou, de outra forma, trazer implicações para um valor público" – poderiam, estas, sim, dispensar a atuação do Judiciário e ser mais apropriadamente tratadas por tribunais arbitrais.

Fiss defende o modelo de "reforma estrutural" das críticas tradicionalmente dirigidas ao tipo de atuação judicial que prescreve, por comparação à atuação no simples papel de resolução de controvérsias; as principais seriam, em sua terminologia, as críticas "instrumental" e "axiomática".

A "crítica instrumental" consistiria na ênfase do maior risco de *erro* judicial em casos de reforma estrutural por comparação a casos de solução de controvérsias.[16]

A "crítica axiomática" consistiria em pressupor um atributo formal necessário da atividade jurisdicional como dado – por exemplo, a garantia de participação da parte afetada (a referência a Fuller é explícita) – e avaliar qual deveria ser o papel do Judiciário a partir da observância, ou não, da premissa assim estabelecida.

Com relação à "crítica instrumental", Fiss identifica um elemento de plausibilidade em suas "premissas empíricas". De fato, pode ser que o Judiciário, ao fazer "reforma estrutural", erre mais. Porém, não considera que a plausibilidade dessas "premissas empíricas" torne a crítica convincente. Isso porque, segundo ele, o "valor de uma *performance* bem-sucedida" e o "grau de êxito de instituições alternativas desempenhando tarefas semelhantes" também são critérios a serem considerados. Isto é: uma reforma estrutural relativamente bem-sucedida teria um efeito que compensaria suas eventuais imperfeições:

> Success may come more rarely or less perfectly in a structural case, but a structural success, even if it is only partial, may well dwarf all the successes of dispute resolution; it may greatly reduce the need for dispute resolution by eliminating the conditions that give rise to incidents of wrongdoing; and it may even compensate for all its own failures.[17]

Da mesma forma, sugere que os riscos de erro do Judiciário devem ser comparados aos riscos de erro das instituições existentes, para que a crítica instrumental possa ter sentido. Empiricamente, então, sugere que não há evidência de que órgãos administrativos (o Executivo ou agências) estariam mais capacitados para reconstruir instituições sociais. E indica que nada impediria juízes ou tribunais de se valerem de conhecimentos técnicos especializados, convocando a opinião de *experts*, conforme o caso exigisse.

A "crítica axiomática" é identificada, por Fiss com o tipo de concepção de Fuller. Fiss sugere que "no centro da concepção dos limites

---

16. A outra seria a crítica histórica, que consistiria em afirmar que a "reforma estrutural" é uma novidade na atuação do Poder Judiciário, sendo a solução de controvérsias mais tradicional. Fiss argumenta, no entanto, pelo contrário: que o papel do Judiciário resumido a "solucionador de controvérsias" é que seria mais recente. Não trataremos deste argumento aqui.

17. Owen Fiss, *Um Novo Processo Civil: Estudos Norte-Americanos sobre Jurisdição, Constituição e Sociedade*, cit., p. 70.

da adjudicação de Fuller (...) está o direito individual à participação em processos que afetem o indivíduo desfavoravelmente." Segundo ele, esse direito "individualista" seria comprometido "by the kind of representation lying at the heart of a structural suit – the representation of interests by spokesmen for groups and offices rather than identifiable individuals".[18]

Assim, Fiss critica as conclusões prescritivas que Fuller parece querer deduzir de sua descrição da atividade jurisdicional, entendendo a posição de Fuller não como este a descreve – uma tentativa de derivar os limites da atividade jurisdicional a partir de uma descrição de sua forma básica –, mas como "uma pressuposição de que a restrição do direito de participação individual é o parâmetro para aferição da legitimidade de um processo que pretende ser uma atividade jurisdicional".

Ele afirma, nesse sentido, que "praticamente toda criação de norma pública é policêntrica" e que as ideias de Fuller poderiam tornar quase toda legislação "ilegítima" e que a ideia de Fuller "seria apenas um trunfo formal do individualismo".

6.3 Consolidando o debate sobre atuação jurisdicional

Em síntese, para Fuller certas tarefas são intrinsecamente incompatíveis com a exigência de justificação típica da atividade jurisdicional. Para tanto, contrapõe "argumentos justificados" a tarefas "policêntricas".

Para Fiss o cerne da atividade jurisdicional é a atribuição de sentido concreto a valores públicos, constitucionalmente consagrados. Para tanto, contrapõe a simples "solução de controvérsias" à função de "reforma estrutural" do Judiciário.

Trata-se de dilema que, formulado dessa forma, apresenta, pelo menos, três faces: capacidade, legitimidade e alcance de seus efeitos. *Capacidade* do ponto de vista de alcance, informações e recursos: o Judiciário tem como obter as informações necessárias para executar o tipo de tarefa que Fiss propõe? Tem os recursos para processar essas informações?

E, ainda que tivesse tal capacidade, teria a legitimidade para sequestrar recursos do orçamento, redefinir prioridades de investimento público e administrar outras organizações sociais?

E, ainda que tenha a capacidade e a legitimidade, como poderia administrar os efeitos sistêmicos de suas decisões?

18. Idem, pp. 80-81.

Porém, se o Judiciário não executar tais tarefas, considerando que ele o faz quando tanto o Executivo quanto o Legislativo se mostram incapazes, quem o fará? Quando a Política não resolve seus problemas, eles deixam de existir?

Assim formulado o problema, não é difícil perceber a existência de um *trade-off*: quanto mais "efetiva" a ação do Judiciário, menos limitada; quanto menos "efetiva", mais limitada. Nesse ponto, a discussão parece atingir um impasse insolúvel.

Talvez o impasse seja natural e a demanda sobre o Judiciário seja, simplesmente, excessiva, cabendo, tão somente, adensar o debate sobre os dilemas gerados pela discussão. Parece-nos, no entanto, que os caminhos para seu enfrentamento encontram-se em fronteira em que os limites entre o que seja Direito e o que seja Política ou Economia são (por enquanto?) indiscerníveis. Trata-se da possibilidade de investigar novas distinções institucionais.

Capítulo 7

FULLER

E A INDETERMINAÇÃO INSTITUCIONAL

7.1 Aplicação e arquitetura de arranjos normativos. 7.2 O papel do profissional jurídico entre fins e meios.

7.1 Aplicação e arquitetura de arranjos normativos

Na proposta de texto constitucional que, em 1986, Fábio Konder Comparato apresentou ao Partido dos Trabalhadores, a expressão "função social", como qualificadora da propriedade ou de direitos sobre ela, não aparece. A ausência não é fortuita; ao contrário, Comparato a justifica com palavras fortes, chegando a descrever a chamada função social da propriedade como algo "inexistente", uma "extrapolação forçada", por comparação à configuração institucional do direito de propriedade, específica e alternativa àquela então prevalecente, que propõe.[1]

Mais recentemente, em artigos posteriores ao início de vigência da Constituição da República Federativa do Brasil de 1988,[2] Comparato passa a se referir à fórmula "função social da propriedade" com menos reserva. Na verdade, em tais artigos a ideia central parece ser quase oposta à anterior: agora, o reconhecimento da função social constitui o ápice de um processo evolutivo da doutrina jurídica sobre propriedade, desde a

---

1. Fábio Konder Comparato. *Muda Brasil! Uma Constituição para o Desenvolvimento Democrático*, São Paulo, Brasiliense, 1986.

2. V., sobretudo, o artigo de Fábio Konder Comparato "Direitos e deveres fundamentais em matéria de propriedade", *Revista Fundação Escola Superior do Ministério Público do Distrito Federal e Territórios* 10, Ano 5, Brasília, 1993. Em linha já similar, v. também "Função social da propriedade dos bens de produção", *Revista de Direito Mercantil/RDM* 63/71-79, 1986.

Antiguidade Clássica, de méritos praticamente incontroversos, por intermédio da qual se organizaria e se compreenderia uma crucial diferença entre propriedade como direito fundamental e propriedade ordinária na Constituição vigente.

Essa sensível diferença de tratamento, muito mais do que uma trivial hipótese de contradição no pensamento de Comparato, parece-nos se dever a importante – porém comumente olvidada na teoria jurídica – distinção nos tipos de atividades do profissional do Direito.[3] Em uma das terminologias possíveis, a distinção seria entre *análise do Direito no contexto jurisdicional* e *análise do Direito fora do contexto jurisdicional*. A primeira é voltada à aplicação de arranjos normativos estabelecidos à solução de controvérsias jurídicas; a segunda dirige-se à estruturação ou arquitetura de novos arranjos normativos ou configurações institucionais.[4] Por analogia ao trabalho do advogado, podemos entender essa distinção, de forma intuitiva, como aquela entre a interpretação de um contrato e a formulação de um contrato: embora ambas necessitem de conhecimentos de normas jurídicas e entre elas exista evidente inter-relação, distinguem-se em seus objetivos, nas premissas que consideram (e nas que questionam), nas perguntas que procuram responder, nos tipos de raciocínio e habilidades intelectuais aplicados e na seleção e emprego de conhecimentos extrajurídicos necessários para seu desenvolvimento.[5]

    3. Neste trabalho utilizaremos a expressão "profissional do Direito" para nos referirmos, indistintamente, tanto a teóricos do Direito quanto a juristas, advogados, promotores e juízes.

    4. Na teoria jurídica encontramos o tratamento explícito da distinção proposta (na terminologia *arrangement-framing* e *arrangement-application*) em curto trecho de Henry M. Hart Jr. e Albert M. Sacks, *The Legal Process*, Nova York, Foundation Press, 1994, pp. 174-181 (capítulo intitulado "Note on the Lawyer's Function, and the Relation of Law to the other Social Sciences"), e mais extensamente em Lon L. Fuller, conforme desenvolvido nos parágrafos a seguir. Nesta análise tomaremos como importantes para retratar o pensamento do autor sobre o tema os artigos "Means and ends", "The implicit laws of lawmaking", "The role of contract in the ordering processes of society generally", "Irrigation and tyranny", "The needs of American Legal Philosophy" e "The lawyer as architect of social structures", encontráveis no livro *The Principles of Social Order: Selected Essays of Lon L. Fuller*, Kenneth I. Winston (ed.), 2ª ed., Oxford, Hart Publishing, 2001.

    5. Por intermédio dessa analogia, em que a relevância do papel do profissional do Direito aparece nos dois polos da distinção (e não apenas do primeiro deles), procuramos também notar como a distinção apontada não está, necessariamente, exaurida pela distinção entre jurisdição e legislação (à qual se associa uma oposição abstrata

A se adotar como pertinente a distinção ora apontada, parece-nos que a aparente inconsistência entre as afirmações de Comparato sobre a função social da propriedade passa a poder ser compreendida sob outra ótica, mais interessante. Isso porque as afirmações ganham seu respectivo sentido exatamente no momento em que se entende representarem o exercício de duas atividades diferentes, com contextos peculiares e consequências próprias. De um lado, no contexto de elaboração de um projeto de Constituição, o que se exige são detalhamentos institucionais e mecanismos de operacionalização prática de novos arranjos de organização social, que não se traduzem eficazmente pela simples formulação doutrinária ou retórica; de outro lado, no contexto da interpretação da Constituição vigente, o que se reclama são justificativas para a tomada de decisões judiciais, a partir da maximização do sentido dos valores considerados subjacentes ao texto normativo e, portanto, às palavras (por mais que sejam tomadas como originalmente imbuídas de uma pretensão meramente retórica) lá contidas.[6]

7.2 O papel do profissional jurídico entre fins e meios

A distinção que se acaba de ilustrar, com breve recurso às diferentes formas de tratamento da função social da propriedade na obra de Comparato, é central para a abordagem de Lon Luvois Fuller. De fato, para Fuller qualquer descrição da atividade do estudioso ou profissional do Direito que desmereça seu papel peculiar na *estruturação de arranjos normativos*, por oposição ou comparação a seu papel na *aplicação de arranjos normativos* já estabelecidos (seja essa aplicação criativa ou não), é flagrantemente incompleta. É objeto deste capítulo o exame da

---

entre Direito e Política), uma assimilação que é teoricamente opcional, embora possa ser historicamente verdadeira e localizável, segundo tradições intelectuais respeitáveis (cuja análise, entretanto, não é objeto deste trabalho).

6. Um esclarecimento e uma ressalva se impõem: (i) a maximização de sentido de valores considerados subjacentes a determinado texto normativo não é a única forma admissível, ou sequer incontroversa como forma admissível, de análise do Direito no contexto jurisdicional; e (ii) existe outra forma de eliminar a suposta contradição no pensamento de Comparato: admitir a premissa adicional pela qual, em seu pensamento, a Constituição vigente teria ido além da simples menção abstrata à "função social" e criado mecanismos institucionais adequados para organização da propriedade na sociedade brasileira.

Agradecemos a Wanderley Fernandes por sugerir a hipótese da premissa adicional (ii).

ideia de estruturação de arranjos normativos, ou, por outra designação, inovação institucional.

À investigação dos veículos institucionais "open to human beings to arrange their mutual relations so as to achieve their individual and collective ends, whatever those ends may be" Fuller dá o nome de *eunomics*, ou a ciência da boa organização da sociedade em instituições. Essa investigação pode se realizar no âmbito de relações individuais – por exemplo, a formulação de modelos de organização contratual para viabilização de empreendimentos privados – ou no âmbito das relações sociais – por exemplo, o estudo das formas típicas de organização ou ordenação da sociedade em instituições, estatais ou não.

O estudo dos arranjos normativos sociais para Fuller implica discussão dos princípios pelos quais determinadas atividades são organizadas institucionalmente, seus mecanismos e formas de participação dos envolvidos. Conjuntos típicos de tais princípios, mecanismos e formas de participação dos envolvidos distinguem diferentes processos de ordenação social (*social ordering process*), os quais são, por sua vez, mais ou menos adequados para se desincumbir de determinadas tarefas ou problemas.

Conforme sintetizado por Winston:

> The central task of eunomics is to describe these models in detail and assess the possibilities for their realization. The contextual factors that enhance, or impair, the effectiveness of particular structures determine whether or not an existing social problem can be collectively managed – and how. We want to know where a mechanism works and where it does not – and cannot be made to. Under what conditions will a legal form continue to retain its integrity, and what are the limits beyond which its distinctive aims and capacities are compromised?[7]

Nesse sentido, a tabela abaixo exprime as principais características de alguns dos processos de ordenação social mais importantes para Fuller:

---

7. Winston, "Introduction to the revised edition", in Kenneth Winston (ed.), *Principles of Social Order: Selected Essays of Lon L. Fuller*, cit., 2ª ed., p. 9, nota 26.

CARACTERÍSTICAS CENTRAIS DE ALGUNS TÍPICOS PROCESSOS DE ORDENAÇÃO SOCIAL (FULLER)

	Adjudication	Mediation	Contract	Legislation	Managerial Direction
Manner of participation (of affected parties)	Presentation of proofs and reasoned arguments	Negotiation and accommodation	Bargaining and consent	Acting in accordance with rules	Following orders of superior
Role of process manager	Assessment of arguments, declaration of principles	Fostering harmonious interaction of parties	[N.A.]	Governing in accordance with rules	Issuing orders or commands
Intended outcome	Impartial decision based on relevant facts and defensible principles	Harmonious settlement, social peace	Reciprocal self-determination	Impersonal direction of citizens' conduct	Coordination of collective activity of a common end
Internal morality	Conditions of impartial adjudication (no person can be judge in his own case etc.)	Conditions of impartial mediation	Conditions of equal bargaining (no coercion, no monopoly of resources etc.)	Conditions of impersonal direction (generality of rules, clarity, consistency etc.)	Conditions of hierarchical coordination
Province (types of problems or activities)	Questions of right or fault	Conflicts in dyadic relationships with heavy inter-dependence	Exchange of goods and services	Restraints or guidelines necessary for operation of other processes	Efficiency (*e.g.*, in the military) or social justice (securing welfare rights)
Limits	Polycentric problems, coordinating collective activities	Triadic or more complex relationships, absence of inter-dependence	Where impersonal, limited, non-continuous obligations to others are inappropriate	Decisions aimed at individuals	Where individual autonomy is valued

Autor: Kenneth Winston ("Introduction" a *Principles of Social Order: (...)*, p. 48).

O mais importante para nossos propósitos é entender o tipo de indagação preconizado por Fuller, implícito na sua forma de organização dos processos sociais, mais do que sua descrição peculiar dos tipos de ordenação. Isso porque, como ele mesmo salienta, não há lista fechada de processos de ordenação social (embora haja formas típicas) e de encarnações institucionais dessas formas. O elemento teórico central para a análise de Fuller é a discussão da relação entre fins e meios, ou, mais precisamente, a afirmação da existência de uma continuidade, interdependência ou reciprocidade entre fins e meios (*end-means continuum*).

O desenvolvimento intelectual dessa ideia nos parece atribuível, de maneira relevante, a John Dewey, ainda que não seja ele seu único autor. Fundamentalmente, o que Dewey questiona é a exterioridade ou independência entre fins e meios. Segundo Dewey, "fins" são apenas os "meios" julgados mais importantes ou atraentes numa sequência de meios projetada como curso de ação, ou uma abreviação para o conjunto de meios, tomados unitariamente. Fins são apenas provisoriamente assim reconhecidos, podendo, segundo ponto de vista diverso, figurar sempre como meio para outro fim. Citamos Dewey textualmente:

> The "end" is merely a series of acts viewed at a remote stage; and a means is merely the series viewed at an earlier one. (...). To grasp this fact is to have done with the ordinary dualism of means and ends. (...). The distinction of means and end arises in surveying the *course* of a proposed line of *action*, a connected series in time. The "end" is the last act thought of; the means are the acts to be performed prior to it in time. To *reach* an end we must take our mind off from it and attend to the act which is next to be performed. We must make that the end. The only exception to this statement is in cases where customary habit determines the course of the series. Then all that is wanted is a cue to set it off. But when the proposed end involves any deviation from usual action, or any rectification of it (...) then the main thing is to find some act which is different from the usual one. The discovery and performance of this unaccustomed act is then the "end" to which we must devote all attention (...). Means and ends are two names for the same reality. The terms denote not a division in reality but a distinction in judgment. (...). "End" is a name for a series of acts taken collectively – like the term army. "Means" is a name for the same series taken distributively – like this soldier, that officer. To think of the end signifies to extend and enlarge our view of the act to be performed. It means to look at the next act in perspective, not permitting it to occupy the entire field of vision. To bear the end in mind signifies that we should not stop thinking about our *next* act until we form some reasonably clear idea of the *course* of action to which it commits us. To attain a remote end means on the other hand to treat the end as a series of means. To say that an end is remote or distant, to say in fact that it is an end at all, is equivalent to saying that obstacles intervene between us and it. If, however, it remains a distant end, it becomes a

mere end, that is a dream. As soon as we have projected it, we must begin to work backward in thought. We must change *what* is to be done into a *how*, the means whereby. The end next thus re-appears as a series of "what nexts", and the what next of chief importance is the one nearest the present state of the one acting. Only as the end is converted into means is it definitely conceived, or intellectually defined, to say nothing of being executable. Just as end, it is vague, cloudy, impressionistic. We do not know what we are *really* after until a *course* of action is mentally worked out (...).[8]

Ou seja: se, para determinado fim, somente se pode imaginar um meio de realização, fim e meio se identificam plenamente, são redutíveis um a outro. Se, por outro lado, não se consegue imaginar nenhum meio de realização para um fim, é porque ou não temos clareza sobre em que consiste o fim ou porque confundimos os meios possíveis com aqueles que nos são familiares ou a que estamos habituados. Da mesma forma, o reconhecimento de meios alternativos e excludentes para realização de determinado fim implica dúvida sobre o conteúdo do fim a que se visa.

Uma ideia adicional, apenas implícita no trecho citado acima, é a de que a imaginação de meios até então inexistentes para realização do fim transforma o sentido original deste, estabelecendo o padrão de sentido que define os anteriores como simples "aproximações imperfeitas". O meio só satisfaz o fim alterando-o.

Um exemplo simples, que descreve um raciocínio convencional, para ilustrar essa ideia. O que significa "maximizar a liberdade" (como fim ou ideal visado)? Em primeira formulação, "liberdade" poderia significar "fazer o que quiser" ou "ausência de restrições". Mas não é preciso recorrer à sabedoria de Montesquieu[9] para reconhecer que essa formulação (liberdade como independência), tomada no contexto da sociedade, é ineficaz e autodestrutiva (a ação "livre" de uns pode impedir a ação "livre" de outros). Então, à luz dessa dificuldade, pode-se redefinir

---

8. John Dewey, *Human Nature and Conduct* (1922), Nova York, Dover, 2002, pp. 34-37.

9. "Il est vrai que, dans les démocraties, le peuple parait faire ce qu'il veut; mais la liberté politique ne consiste point à faire ce que l'on veut. Dans un État, c'est-à-dire dans une société où il y a des lois, la liberté ne peut consister qu'à pouvoir faire ce que l'on doit vouloir, et à n'être point contraint de faire ce que l'on ne doit pas vouloir. Il faut se mettre dans l'esprit ce que c'est que l'indépendance, et ce que c'est que la liberté. La liberté est le droit de faire tout ce que les lois permettent; et si un citoyen pouvait faire ce qu'elles défendent, il n'aurait plus de liberté, parce que les autres auraient tout de même ce pouvoir" (Montesquieu, *De l'Esprit des Lois*, *Deuxiéme Partie*, *Livre* XI, *Chapitre* III).

a liberdade como "o maior espaço de ação possível a um indivíduo que seja compatível com igual espaço de ação possível para outros". Nesse caso, é evidente que ao elemento "independência" se acrescentou outro, "segurança". A segurança, por sua vez, poderia ser subsequentemente especificada, ao se pensar nas ameaças a que poderia estar sujeita, como aquela determinada segundo uma lei geral promulgada por órgãos legislativos definindo atividades permitidas e proibidas, e vinculante aos próprios formuladores da lei. Ou seja: um entendimento também intuitivo sobre segurança – imunidade a atos gravosos – se transforma no interesse de fazer valer leis promulgadas segundo determinado procedimento e aplicada segundo determinados critérios predefinidos.[10] A liberdade que se deseja, então, passou a ser a combinação complexa (mesmo em exemplo extremamente simplificado) de vários elementos inicialmente díspares e não relacionados. Porém, tais elementos somente ficam claros à medida que o conteúdo do ideal – no fundo, um impulso, mais do que uma ideia, provavelmente surgido de situação em que algo que antes não era importante ou sequer concebível (por exemplo, o desejo de não se ver submetido a determinada imposição) passou, contingencialmente, a ser premente – foi testado segundo meios alternativos para sua realização. Aliás, o fato de que a primeira formulação (liberdade como independência) parece simplesmente "errada", e as demais "certas" (pressupondo como elemento necessário à preservação da liberdade em sociedade, por exemplo, o desenvolvimento da noção de lei num sentido bem específico), não altera a análise: a segunda somente é "certa" porque os meios considerados são habitualmente admitidos e reconhecidos como adequados para atingir os fins que ajudaram a definir.

Aliás, a própria noção de lei (em sentido amplo, obviamente), no exemplo acima, não restringe a independência sem, ao mesmo tempo, *criar possibilidades* de convivência entre seres livres (e isso já numa formulação bastante parcial e conservadora e independentemente de postularmos a participação do indivíduo na formulação das leis). A lei se exprime, portanto, em duplo sentido: negativo, como *limitação*, e positivo, como *instituição*.

O que é, portanto, a *instituição*, para os nossos propósitos nesta discussão? Trata-se de sistema organizado e indireto de meios (que pode ou não se associar a um aparato material), voltado à realização sistemática ou regular de interesses ou ideais sociais. Na condição de sistema

---

10. Aliás, não é de espantar que o primeiro princípio da organização social de Rawls (*equal liberty*), em seu *A Theory of Justice* (Oxford, Oxford University, 1980), gera, para eles, as instituições que conhecemos como Estado de Direito.

de meios orientado à satisfação de fins, a ele se aplicam com exatidão as características da relação complexa indicada acima (por exemplo, uma vez instituído, torna-se irredutível aos ideais por que criado, razão pela qual é sempre "indireto").[11]

11. É curioso notar a extrema semelhança dessas ideias à concepção de *cultura* que Deleuze atribui a Hume. Que nos seja permitido citar mais extensamente. Por exemplo: "[A] concepção que Hume tem da sociedade é muito forte. (...). A ideia principal é esta: a essência da sociedade não é a lei, mas a instituição. A lei, com efeito, é uma limitação dos empreendimentos e das ações, e retém da sociedade um aspecto tão somente negativo. (...). A instituição não é uma limitação, não é como a lei, mas é, ao contrário, um modelo de ações, um verdadeiro empreendimento, um sistema inventado de meios positivos, uma invenção positiva de meios indiretos. (...). Colocar a convenção na base na instituição significa apenas que o sistema de meios representado pela instituição é um sistema indireto, oblíquo, inventado, que é, em uma palavra, cultural. (...). A instituição, modelo de ações, é um modelo prefigurado de satisfação possível" (Gilles Deleuze, *Empirismo e Subjetividade: Ensaio sobre a Natureza Humana Segundo Hume*, trad. portuguesa de Luiz B. L. Orlandi (título original: *Empirisme et Subjectivité*), São Paulo, Editora 34, 2001, p. 32)." "Tantôt en instituant un monde original entre ses tendances et le milieu extérieur, le sujet élabore des moyens de satisfaction artificiels, qui libèrent l'organisme de la nature en le soumettant à autre chose, et qui transforment la tendance elle-même en l'introduisant das un milieu nouveau; il est vrai que l'argent libère de la faim, à condition d'en avoir, et que le mariage épargne la recherche d'un partenaire, en soumettant à d'autres tâches. C'est dire que toute expérience individuelle suppose, com un *a priori*, la préexistence d'un milieu das lequel est menée l'expérience, milieu spécificique ou milieu institutionnel. (...). L'institution se présent toujours comme un système organisé de moyens. C'est bien là, d'ailleurs, la différence entre l'institution et la loi: celle-ci est une limitation des actions, celle-là, un modèle positif d'action. Contrairement aux théories de la loi que mettent le positif hors du social (droits naturels), et le social dans le négatif (limitation contractuelle), la théorie de l'institution met le négatif hors du social (bésoins), pour présenter la société comme essentiellement positive, inventive (moyens originaux de satisfaction). Une telle théorie nous donnera enfin des critéres politiques: la tyrannie est un régime où il ya beaucoup de lois et peu d'institutions, la démocratie, un régime où il y beaucoup d'institutions, très peu de lois. L'oppression se montre quand les lois portent directement sur les hommes, et non sur des institutions préalables qui garantissent les hommes. (...). Le problème [de la] institution est toujours celui-ci: comment se fait la synthèse de la tendance et de l'objet qui la satisfait? L'eau que je boi, en effect, ne *ressemble* pas aux hydrates dont mon organisme manque. (...). Quel est le sens du social par rapport aux tendances? Intégrer les circonstances das un système de antécipation, et les facteurs internes, dans un système que règle leur apparition (...). C'est bien le cas de l'institution. Il fait nuit parce qu'on se couche; on mange parce que c'est midi. (...). Toute institution impose à notre corps, même dans ses structures involontaires, une série de modèles, et donne À notre intelligence un savoir, une possibilité de prévision comme de projet. Nous retrouvont la conclusion suivante: l'homme n'a pas d'instincts, il fait d'institutions" (in Gilles Deleuze (org.), "Introduction", in *Instincts et Institutions*, Evreux, Hachette, 1968).

E quais a tarefa e a competência peculiar do profissional do Direito que resultam dessa discussão? Explorar de maneira repetida e acelerada a relação entre fins perseguidos e meios disponíveis e imagináveis, de maneira a ampliar as possibilidades de interação humana para resolução de problemas comuns. Para tanto, Fuller se ocupa de dissipar confusões conceituais sobre o modo como devem ser investigados a criação e o funcionamento de instituições sociais. Nesse contexto, Fuller extrai da reciprocidade entre fins e meios a conclusão da inadequação de cinco premissas convencionais do pensamento jurídico e social: (1) que os fins a que servem instituições sociais possam ser bem individualizados e catalogados; (2) que os fins assim individualizados podem ser organizados hierarquicamente; (3) que instituições sociais são ilimitadamente moldáveis aos fins a que servem; (4) que estruturas formais também estão presentes em fins, não apenas em meios; (5) que meios institucionais sejam considerados "males necessários".

Diante dessas considerações, a pergunta que interessa ao jurista é mais complicada, porém também mais interessante do que se supõe:

> We cannot (...) ask of [a given institution], simply, "is its end good and does it serve that end well?" Instead we have to ask a question at once more vague and more complicated – something like this: "Does this institution, in a context of other institutions, create a pattern of living that is satisfying and worthy of men's capacities?".

A ideia importante para Fuller, nesse sentido, é apontar como instituições sociais "make (...) of human life itself something that it would not otherwise have been". Porém, imaginar instituições não é criar um mecanismo a partir do nada. É, justamente, exercitar a interação entre fins perseguidos e meios existentes e possíveis, no contexto de um meio institucional já dado e que pode variar quanto ao grau de riqueza de interação que admite e pode, pela exploração de inovações institucionais, vir a admitir.

É no contexto dessas observações que examinamos, abaixo, três exemplos distintos de propostas de inovação institucional voltadas a enfrentar os impasses da atuação jurisdicional identificados nos capítulos anteriores.

Capítulo 8
TRÊS EXEMPLOS DE INOVAÇÃO INSTITUCIONAL COM RELAÇÃO À ATUAÇÃO JURISDICIONAL

8.1 Observações preliminares. 8.2 Ackerman e a nova separação de Poderes. 8.3 O poder desestabilizador de Unger. 8.4 A atuação experimentalista do Judiciário em Sabel.

8.1 Observações preliminares

Não há dúvidas de que a estratégia interpretativista capturou o *esprit du temps* no Brasil hoje. É possível, inclusive, que o trabalho de balançar o pêndulo em favor do Judiciário tenha resultado em benefícios líquidos para a sociedade, sobretudo no contexto da evidência de desmandos de toda ordem no Executivo e no Legislativo.

A principal limitação da estratégia interpretativista, entretanto, está no fato de que pressupõe uma visão do Estado que restringe os órgãos em que este está dividido àqueles com os quais está acostumada. Mas a relação entre princípios jurídicos, ideais políticos e organização institucional não está adstrita à relação entre Executivo, Legislativo e Judiciário.

Por exemplo, a organização dos Poderes do Estado não serve a apenas um ou dois ideais. Mesmo se restringíssemos os ideais a três, como o faz Ackerman na análise abaixo, sua inter-relação não produz, necessariamente, três órgãos supremos (na proposta de Ackerman, produz nove). De fato, a estratégia interpretativista admite, e defende, que a "separação de Poderes não tem valor em si". Mas peca em desconsiderar que não existe forma institucional única de organização de Poderes – e que estes não estão adstritos a Legislativo, Executivo e Judiciário (o que Ackerman designa de "preconceito trinitário") e, quanto a esses, às suas formas conhecidas ou típicas. A referência a "Executivo, Legislativo e

Judiciário" deve ser substituída por descrições mais pormenorizadas sobre o funcionamento do Estado. Somente do ponto de vista de conjunto ampliado de opções institucionais é que se pode julgar se aquelas de que dispomos cumprem, ou não, seu papel. Comparar instituições apenas porque são aquelas que conhecemos é necessário – mesmo imperioso, pois vivemos no presente – mas insuficiente – viver no presente não significa conformar-se a ele.

Para procurar dar concretude às possibilidades teóricas não restritas às ideias indicadas acima, examinamos três exemplos de reflexões recentes sobre o papel do Poder Judiciário que consideram a inovação institucional como elemento relevante da equação. Elas são apresentadas em ordem decrescente de distanciamento das organizações institucionais que nos são mais familiares: primeiro a mais distante, por último a mais próxima. A preocupação é mostrar o tipo de raciocínio efetuado pelos autores e que, a nosso ver, deveria ser multiplicado.

8.2 Ackerman e a nova separação de Poderes

Bruce Ackerman defendeu uma "nova separação de Poderes",[1] expressão que considera retoricamente superestimada e conceitualmente subdesenvolvida. Sua abordagem básica sugere "to break down the label into several parts". Em que consistiria isso?

O primeiro passo da análise de Ackerman é se perguntar quais ideais devem guiar a organização das funções e órgãos do Estado. "Separating Powers on behalf of what?" Ele elege três respostas: legitimidade democrática, especialização funcional e proteção a direitos fundamentais.

Legitimidade democrática diz respeito ao autogoverno popular – quanto mais sentido prático e força a este, mais democraticamente legítima a separação de Poderes realizada em seu nome. *Especialização funcional* diz respeito a eficiência ou competência profissional no desempenho de tarefas – a busca por conjunto de órgãos e pessoas encarregados da criação de regras técnicas e sua aplicação imparcial. E a *proteção a direitos fundamentais* se expressa em limites aos abusos que sejam cometidos em nome dos outros dois ideais. (Em nosso entendimento, a análise de Ackerman pressupõe quarto ideal, a saber: ideal antioligárquico, que explicitaremos quando tratarmos da discussão de proteção a direitos fundamentais, abaixo.)

1. Bruce Ackerman, "The new separation of Powers", *Harvard Law Review* 113/633-729 (2000).

O movimento seguinte do raciocínio de Ackerman é se indagar como deveria ser organizado o Estado de modo a expressar os ideais de legitimidade democrática, direitos fundamentais e governo eficiente.

Não nos ocuparemos em detalhes, neste trabalho, das variações institucionais relacionadas aos ideais de legitimidade democrática e eficiência funcional, apesar, por exemplo, do fato de que diferentes formas de parlamentarismo, presidencialismo e mistas produzem consequências marcantes em termos de intensidade da vida política de um povo, e, portanto, à atuação jurisdicional. Mas, apenas para indicar o tipo de raciocínio seguido pelo autor, indicaremos alguns pontos elementares a respeito.

De fato, para iniciar a discussão quanto ao ideal de legitimidade democrática, Ackerman novamente formula uma pergunta: "Quantas eleições um movimento político precisa ganhar para ter toda autoridade para implementar seu programa político?".

"Separação", nesse contexto, significa a imposição de maior número de eleições, o que poderia se traduzir, por exemplo, na separação entre Poder Executivo e Poder Legislativo e em eleições separadas, inclusive no tempo, para eles e para a composição de diferentes divisões do próprio Legislativo. Entretanto, para Ackerman, por vários motivos relacionados às imperfeições do presidencialismo (sua propensão a gerar impasses entre o presidente e o Congresso, que se resolvem apenas por acomodações transitórias e inseguras ou geram crises de governabilidade ou rupturas), parece que deveria bastar uma eleição para assunção do poder político principal por determinado movimento político, defendendo, então, forma de *parlamentarismo*.

O parlamentarismo de Ackerman, entretanto, é "constrangido" (*constrained*), ainda em nome do autogoverno popular, por outros três arranjos constitucionais: *referendos populares*, uma *Corte Constitucional* com poder para declarar inconstitucionais determinadas leis e, eventualmente, conforme o caso, um *Senado*.[2]

Em nome do ideal de especialização funcional, por sua vez, Ackerman concebe três organizações institucionais: um *Judiciário* tecnicamente qualificado e dotado de garantias de independência e imparcialidade, uma *burocracia regulatória profissional*, com quadros administrativos não formados por indicações políticas (ou compostos com o mínimo possível de indicações políticas), dedicada a decidir e implementar programas que digam respeito a tudo menos a *fundamental values* e com capacidade para

---

2. Se federativo (isto é, representativo de segmentos do Estado), fraco, no sentido de se subordinar, finalmente, às decisões do Parlamento, ou, se nacional, forte.

conduzir projetos não vinculados ao calendário eleitoral, e um *integrity branch*, com funcionários de "altos e irredutíveis vencimentos" e dotado de parcela do orçamento predefinida, visando a coibir de maneira ampla a corrupção no governo e aumentar sua transparência.

Já, a proteção a direitos fundamentais na proposta de Ackerman é, surpreendentemente, realizada por intermédio de *non-judicial institutions*, a saber, um *democratic branch* e um *distributive branch*. Cabe ao *Poder Democrático* reforçar e administrar direitos de participação no processo político, por exemplo, pela definição e fiscalização do cumprimento de regras eleitorais e pela delimitação de circunscrições distritais e as formas admitidas de financiamento de campanhas.

Cabe ao *Poder Distributivo*, por sua vez, concretizar os compromissos constitucionais fundamentais de justiça distributiva, sob uma forma específica. Seu alvo não é a simples proteção da minoria contra formas de "tirania" da maioria ou a aplicação contenciosa do Direito estabelecido, o que seria passível de proteção, na sua organização de Poderes, via Corte Constitucional e Poder Judiciário independente, respectivamente. O ponto de partida de sua análise quanto a esse elemento é "our extraordinary ability not to change the *status quo* and to tolerate our society's most entrenched inequalities". Ademais, vítimas de *ignorance, poverty, and prejudice* não constituem eleitorado que se mobiliza facilmente para agir nos processos políticos convencionais, tendendo, em razão da organização institucional do mesmo processo político, a ter seus interesses desmerecidos. Por isso, direitos sociais tendem a virar "futilidade".

Em suas palavras:

> Even if a Constitutional Court were disposed to take such textual guarantees [for welfare rights] seriously, the judges would lack the remedial capacity to order the big budgetary appropriations necessary to transform "positive rights" into social realities. At the end of the day, constitutional "guarantees" of social welfare would not be worth the paper on which they were written.[3]

Além disso, a assunção pelo Judiciário do papel, por exemplo, de realocar verbas orçamentárias em nome da concretização dos direitos sociais pode se revelar contraprodutiva, pois, dado que dificilmente esse papel poderá se tornar prevalecente, sua frustração poderia colocar em questão a legitimidade do Judiciário como um todo e contribuir para re-

---

3. Ackerman, "The new separation of Powers", cit., *Harvard Law Review* 113/725.

forçar a impressão de que direitos sociais, e a Constituição em que estão inscritos, seriam meras "aspirações".

Ou seja: o *status quo* não é uma boa base para formular todos os tipos de direitos. Há direitos, como, em nossas palavras, *o direito a não ser subjugado* (não pela maioria, mas por quem quer que seja, sobretudo por minorias oligárquicas – o que, em geral, costuma ser um problema mais recorrente e, portanto, mais relevante em nosso caso) ou o *direito a escapar de seu destino*, que não se formulam adequadamente segundo os padrões vigentes; ao contrário, passam pelo questionamento dos padrões vigentes.

Para tanto, é melhor, segundo o autor, simplesmente desafiar o "trinitarismo" ou, em outras palavras, a fixação teórica no Direito com "big chunky objects called legislature, the Executive, and the Judiciary".

Como funcionaria, então, o Poder Distributivo? Para ele é muito importante que, qualquer que seja a forma institucional, ela represente compromisso crível, que aumente a legitimidade do sistema como um todo, não a mine. Assim, na proposta de Ackerman seria Poder dotado de parcela prefixada do orçamento, com prioridade no recebimento de verbas em comparação a quaisquer outras rubricas ou Poderes, mas não para alocar recursos projeto a projeto ou caso a caso (de maneira a evitar possíveis desvios do dinheiro público na sua implementação). Sua competência seria a organização e implementação de um programa sistemático de distribuição de renda, um *minimum cash grant to the target population*.

A proposta de distribuição de dinheiro de Ackerman – que fontes devem ser utilizadas para seu financiamento, que valores devem ser distribuídos, a quem, qual seu uso etc. – foi detalhada em outro trabalho do autor, com o nome de *stakeholding*.[4] (Em sua versão mais pura, consiste em conceder US$ 80,000.00 a cada indivíduo que completar 18 anos, para que use segundo seu próprio critério.)

O que nos interessa, entretanto, é entender a relação entre essa configuração institucional e o papel do Judiciário. Como resultado da organização de Poderes de Ackerman, o Judiciário fica restrito à aplicação profissional e técnica do Direito estabelecido (sem maiores aspirações) e à avaliação de constitucionalidade de leis, sobretudo segundo o padrão típico de direitos liberais ("*[e]m vez de* deixar a questão dos direitos positivos aos tribunais, a Constituição progressista deveria construir um 'poder de justiça distributiva'" – grifo nosso). Essa restrição do papel do

---

4. Bruce Ackerman e Anne Alstott, *The Stakeholder Society*, New Heaven, Yale University, 1999.

Judiciário somente é feita, entretanto, sob uma condição. A condição é um tipo de relação hidráulica.

De fato, de um lado, o Judiciário não teria uma atuação particularmente estrutural como a proposta de Fiss, e poderia quase que se restringir a defender direitos fundamentais de matiz "liberal", não tendo disposição ou capacidade para implementar os chamados "direitos positivos". Mas, por outro lado, haveria um Poder diretamente encarregado do esforço de redistribuição. O papel de um só faz sentido no contexto da existência do outro. Em outras palavras: no âmbito de sua proposta ampla de reformulação da separação de Poderes, o Judiciário pode ter um papel menos "ativo" na exata medida em que outro Poder executa a função antioligárquica e emancipadora, por assim dizer.

Assim, "I urge constitutionalists to transcend their traditional court--centered focus", conclui o autor.

8.3 O poder desestabilizador de Unger

De maneira similar a Ackerman,[5] a proposta de inovação institucional de Roberto Mangabeira Unger que examinamos abaixo insere-se em conjunto mais amplo de considerações teóricas e ideias programáticas sobre a organização dos Poderes estatais em sociedades democráticas. Não analisaremos a totalidade de tais considerações e ideias, mas apenas aquele subconjunto delas que nos permita entender a direção do raciocínio para fins do objeto que nos interessa.[6]

O ponto de partida do raciocínio de Unger é o reconhecimento de que o repertório de formas de organização do Estado que hoje consideramos típico é originário de conjunto limitado de ideias, desenvolvidas no final do século XVIII e início do século XIX, a partir de conflitos e propósitos, e no contexto de alternativas, peculiares àquele período histórico. Apesar

5. Evidentemente, não por coincidência, o próprio Ackerman, cujo trabalho sobre separação de Poderes é de 2000, registra seu reconhecimento à originalidade e interesse da análise de Unger, formulada anteriormente (1987).
6. Tomamos como base de nosso exame as obras teóricas de Unger *False Necessity: Anti-Necessitarian Social Theory in the Service of Radical Democracy* (Nova York, Cambridge University, 1987) e *What Should Legal Analysis Become* (Londres, Verso, 1996), não os trabalhos mais antigos (como *Knowledge and Politics*, Boston, Harvard University Press, 1975, e *Law in Modern Society*, Free Press, 1976), cujo conteúdo não corresponde às ideias mais importantes dos trabalhos seguintes do autor. Também não nos referimos aos trabalhos mais recentes e contextualizados a realidades específicas, como propostas específicas à atuação do Judiciário no Brasil, por serem trabalhos ocasionais.

de sua historicidade, entretanto, tal conjunto de ideias ainda parece representar, hoje, a organização natural e necessária de qualquer democracia liberal, desmerecendo a possibilidade de alargamento do repertório de alternativas institucionais possíveis e imagináveis e, portanto, das formas de enfrentamento dos conflitos contemporâneos.

Se, ademais, o propósito da organização institucional de qualquer sociedade democrática for a instauração de meios e oportunidades para submeter ao escrutínio público qualquer parte da organização da sociedade, a limitação dos veículos institucionais àqueles Poderes conhecidos (Executivo, Legislativo e Judiciário) e ao filtro de suas "capacidades institucionais" dever ser vista como uma ameaça séria à democracia. A "abstenção institucional" não é neutra, e pode simplesmente significar que parcela restrita da sociedade assuma controle sobre pessoas e recursos materiais, sem estar submetida a escrutínio público.

Deste modo, Unger advoga a *multiplicação* dos órgãos estatais, com atribuição a eles, muitas vezes, de competências parcialmente sobrepostas, cuja organização deve obedecer a dois critérios: primeiro, que nenhum órgão ou Poder possa assumir veto duradouro sobre as formas de transformação da sociedade; e, segundo, que essa mesma organização propicie oportunidades para veiculação de qualquer tipo relevante de atividade transformadora. A multiplicação de órgãos e Poderes também é útil para permitir que a composição de órgãos do Estado seja resultante, na maior medida possível, de escolha deliberada pelos cidadãos (isto é, multiplicar os órgãos também para multiplicar as oportunidades de voto direto).

O primeiro critério indicado acima (denegação do monopólio da autoridade sobre as formas de transformação da sociedade) poderia justificar, por exemplo, a criação de Poder com a função de ampliar o acesso a meios de comunicação, informação e conhecimento em determinada sociedade. Já, o segundo critério poderia justificar a criação de um Poder encarregado de veicular possibilidades de transformação social ou de resistência à rigidez das estruturas sociais, de maneira ampla. É a este, que chamaremos de "Poder Desestabilizador", que nos voltamos com mais detalhes agora.

Segundo Unger, o regime jurídico produzido pelo conjunto dos órgãos estatais constitui um repositório de ideais sociais, os quais, ainda que de maneira não inteiramente coerente ou unitária, podem estar em tensão com o funcionamento de determinadas instituições sociais, estatais ou não (por exemplo, conjuntos de escolas e hospitais públicas, organizações policiais, circunscrições eleitorais específicas etc.). Caberia ao Poder

Desestabilizador, nesse contexto, a competência para, quando as pessoas afetadas por tais instituições não tivessem meios para fazê-lo segundo os procedimentos regulares de participação política, intervir nas instituições sociais, administrá-las, provisoriamente, e as reconstruir, em nome dos ideais atribuídos ao Direito ali até então não realizados. O fundamento da ação do Poder Desestabilizador deve ser, a rigor, duplo: a incongruência reconhecida entre práticas ou organizações sociais e os ideais atribuídos ao Direito e a incapacidade de a participação no processo político regular daqueles afetados permitir uma maneira adequada de revisão das práticas e reformulação das organizações.

Assim, o conteúdo da proposta:

> [O]rganizar dentro do Estado um Poder específico, ou uma atividade específica, de correção das formas localizadas de exclusão e de estruturação social. [V]amos imaginar que os indivíduos nas sociedades contemporâneas podem se encontrar prisioneiros de uma situação social, uma prática social, de uma organização social, que os subjuga, que os deixa em situação de desvantagem, e da qual eles não podem escapar pelas formas normais de ação política e econômica. Então, o problema não é o problema da estrutura do sistema geral da sociedade, é o problema de uma cidadela de despotismo e injustiça incrustada, localizada em determinado setor, em determinada prática, em determinada organização. Precisa haver uma parte do Estado capaz de intervir corretivamente nessa cidadela localizada de despotismo e abrir as suas portas, libertar os prisioneiros. A rigor, não é apropriada para o Judiciário porque é uma atividade de reorganização estrutural, mas não é apropriada para o Legislativo porque uma atividade de intervenção localizada e episódica precisa ter uma estrutura própria no Estado.[7]

Nessas condições, é como se atribuíssemos a um Poder independente a tarefa de exercer, sistematicamente, as atividades de "reforma estrutural" descritas por Fiss. O exercício da atividade interventora por esse Poder pode, no entanto, revelar novas fontes e formas de tensão entre a organização da vida em sociedade e os ideais atribuídos ao Direito. Isso se dá, por exemplo, pela descoberta, ao longo da atividade, de maior extensão na cadeia causal de fatores que inibam a realização dos ideais

---

7. Unger, transcrição não publicada de palestra proferida na Fundação Getúlio Vargas, Rio de Janeiro, em 2004, disponível nos arquivos do autor. Esse raciocínio pode ser encontrado de forma mais aprofundada nas pp. 444 a 461 de *False Necessity: Anti-Necessitarian Social Theory in Service of Radical Democracy*, cit., e nas pp. 30-33 de *What Should Legal Analysis Become*, cit.

assumidos como vinculantes, ou pela reformulação do próprio entendimento dos ideais, à medida que as intervenções se aprofundem. No extremo, a possibilidade de aprofundamento ou alargamento do escopo da intervenção se torna potencialmente ilimitada, ainda que sua função não seja a de criar as instituições ideais de uma sociedade utópica, mas apenas colocar sob questão e reconstruir instituições existentes de maneira a diminuir seu caráter subjugador.

Evidentemente, o tipo de "tensão" de que se trata não é aquele adequadamente redutível a violações pontuais ou específicas de normas. A "conduta" violadora é uma prática, uma organização, estatal ou não estatal. E a norma não é um texto específico, mas uma inferência sistematizadora a partir dos ideais sociais atribuídos ao Direito (uma "norma sistêmica", por assim dizer), com alcance, sobretudo, de crítica a situações de dominação ou subjugação arraigadas na estrutura social. Ou seja: mesmo com as restrições indicadas a seguir, é evidente que o tipo de atividade de que se trata não poderia ser realizado por nenhum dos três Poderes com que estamos familiarizados. O tipo de intervenção de que se trata exige o desenvolvimento de conjuntos relevantes de questões empíricas (relativas às causas, fontes e formas de subjugação mais recorrentes ou mais fortes e às alternativas de intervenção mais eficientes e benignas, por exemplo), para cujas respostas – que devem assumir caráter sistemático – nem o Judiciário nem o legislativo estão adequadamente preparados. A solução de controvérsias pontuais e específicas sobre a violação de direitos exige certo distanciamento do conflito político mais geral, e esse mesmo distanciamento tornaria o Judiciário uma instituição ilegítima para conduzir intervenções complexas em instituições sociais, de maneira sistemática. Ademais, do ponto de vista jurídico, pode muitas vezes não ser possível, salvo por artifícios pouco eficazes, identificar os indivíduos ou, mesmo, autoridades responsáveis pela incongruência entre ideais e práticas arraigadas, sobretudo porque o interesse na sua identificação decorreria da sua capacidade para interromper a prática, o que simplesmente pode não ser dado a um conjunto de indivíduos ou autoridades isolados. A subordinação das atividades ordinárias do Legislativo a preocupações temporalmente circunscritas (calendário eleitoral) ou seu controle por facções políticas específicas também não lhe permitem cuidar de transformações potencialmente tão radicais. Evidentemente, o Executivo pode ser mais provavelmente a causa da violação do que veículo de cura potencial.

A composição de um órgão separado deveria ser formulada com características mistas: indicação por outros Poderes, especialistas e entidades organizadas e votação ampla. O órgão deveria dispor também de orçamento próprio e do aparato funcional e material apropriado para o tipo de atividade de longo prazo e especializada que requer.

Nada nessa descrição, no entanto, deveria levar ao entendimento de que o Poder Distributivo deveria ser predominante sobre os demais. Ao contrário, nada impediria que se definisse, em contrapartida ao caráter potencialmente ilimitado do alcance de suas intervenções, que, por exemplo, fosse adotado conjunto amplo de condicionantes e restrições aos seus efeitos, consistentes em manifestações de outros Poderes ou, mesmo, do eleitorado, seja para suspender uma intervenção já realizada, seja para mantê-la ou, mesmo, para autorizá-la previamente (neste último caso, por exemplo, quando a intervenção fosse frontalmente contrária a dispositivos legais expressos definidos por órgãos legislativos eleitos diretamente pelos cidadãos).

Da mesma forma, o conteúdo das normas e ideais considerados violados poderia ser objeto de esforço de especificação e explicitação a partir de, ao menos, dois mecanismos. De um lado, a ideia-guia da intervenção – a efetiva suscetibilidade das estruturas sociais a escrutínio público e a transformação, seu sentido e formas alternativas – poderia se tornar gradativamente mais concreta a partir da sua compatibilização a outras normas jurídicas e práticas institucionais que a sociedade que a admitir também adotar. Não há por que imaginar que um Poder como esse seria criado sem que fosse acompanhado de um conjunto normativo mais rico, mais detalhado e mais amplo, originado dos mesmos impulsos e interesses que justifiquem a criação do Poder. De outro lado, o conjunto de respostas às questões empíricas formaria repertório rico e detalhado, também sujeito a discussão pública.

A indicação das formas de especificação do conteúdo do "direito subjetivo" que esse Poder protegeria já é suficiente para apontar que sua característica fundamental seria o fato de que suas fronteiras conceituais e práticas não poderiam ser claramente definidas de antemão. A "fonte" do direito que ele protege também não é uma lei ou um costume, e sim uma relação de tensão ou incongruência entre os compromissos constitucionais de caráter transformador mais fundamentais, ainda que implícitos, e práticas sociais que os coloquem sistemática ou regularmente em questão. Ou seja: ele não se assemelha a um "direito" sujeito a ser claramente satisfeito, ou não, por uma providência judicial, mas, ao contrário, a direito cujo conteúdo somente se define detalhadamente enquanto efetivado. Não obstante, a ele corresponde uma organização institucional voltada a criar uma prática de concretização.

A partir desse raciocínio é possível entender como, mais recentemente, Unger também tenha afirmado que defende, como forma típica de o Judiciário decidir, o "literalismo inteligente", isto é, a proximidade às determinações expressas do direito positivo, corrigida apenas excepcionalmente quando seus mandamentos fossem claramente inadequados à situação das partes em determinado caso concreto (e sem que essa excepcionalidade pudesse repercutir sistemicamente para o resto do direito, mas fosse pontual).[8]

Com efeito, essas afirmações poderiam soar surpreendentes para quem conhece as inclinações políticas de Unger. Ocorre que há premissa subjacente ao raciocínio, que assume feição hidráulica. No caso de Unger, isso quer dizer que o Judiciário não precisaria executar a "reforma estrutural" na exata medida em que ele postula a criação de outro órgão do Estado, dotado de condições materiais e de legitimidade para fazê-lo e formulado a partir da extensão de práticas já existentes, porém reconhecidamente limitadas e assistemáticas do Judiciário estadunidense. A comparação com Ackerman é inevitável.

8.4 A atuação experimentalista do Judiciário em Sabel

Seria possível acrescentar às hipóteses acima recentes análises de decisões judiciais estadunidenses em que autores como Charles Sabel, Professor da Universidade de Columbia, vislumbram uma atuação inovadora do próprio Judiciário em enfrentar o *trade-off* a que nos referimos no início deste tópico. No caso de Sabel a relação hidráulica também existe, mas não se dá entre instituições diferentes, e sim dentro da mesma instituição judicial, a partir de inovações no processo de sua atuação.[9]

---

8. "Então, o que eu proponho (...) é uma deflação desse discurso retórico predominante, uma visão modesta, realista, da tarefa jurisdicional, o que não significa um regresso ao formalismo, por compreender que a analogia e o literalismo também dependem de interpretações teleológicas. Mas sem essa fantasia dos grandes sistemas, dos grandes conjuntos de políticas públicas e de princípios" (Unger, transcrição não publicada de palestra proferida na FGV, Rio de Janeiro, em 2004, disponível nos arquivos do autor).

9. Tomamos como exemplares os seguintes artigos: Kathleen Noonan, Charles Sabel e William Simon, *The Rule of Law in the Experimentalist Welfare State: Lessons from Child Welfare Reform, Working Paper*, disponível em www.law.columbia. edu/sabel (acesso em 29.1.2011); Charles Sabel e William Simon, "Destabilization rights: how public law litigation succeeds", *Harvard Law Review* 17/1.015-1.101, n. 4; James Liebman e Charles Sabel, "Changing schools – A public laboratory Dewey barely imagined: the emerging model of school governance and legal reform", *NYU*

O Judiciário, ciente de suas limitações, porém cioso de dar sentido concreto a mandamentos constitucionais na ausência de compromisso crível do Executivo e do Legislativo, coordena outras organizações públicas – estatais e não estatais – no tratamento de conflitos jurídicos localizados em que estejam em jogo valores públicos.

De fato, o reconhecimento do impasse no debate é o ponto de partida de Sabel e seus colaboradores. O tipo de questão de que trata já é aquele referido como "reforma estrutural". As partes não são indivíduos, tomados isoladamente, mas coletividades e organizações. O objeto não é a violação de uma conduta, mas uma prática considerada em desacordo as normas constitucionais gerais (por exemplo: segregação social em escolas, abuso de menores, sistemas de saúde precários, maus-tratos a presos ou má administração de presídios etc.). E a medida que se requer não é uma simples declaração ou condenação (embora a hipótese de que essas sejam possíveis seja elemento relevante para o desenvolvimento do processo), mas a reorganização de instituições envolvidas com aquelas práticas.

A solução da simples expansão do Judiciário, entretanto, não lhe parece adequada, inclusive porque ele nota que, em nome da preservação da integridade e legitimidade institucional do Direito, o processo descontrolado de sua expansão pode gerar reação interna e contrária também intensa, que pode levar a retrocesso do processo de reconhecimento da relevância do Judiciário no trato de questões socialmente relevantes.

A premissa de Sabel é a incerteza tanto do conteúdo exigido pela norma jurídica quanto da melhor forma de implementá-lo, dado o impasse a que se referiu acima. A estratégia que encontra, e defende, como forma de enfrentamento dessa incerteza é consequência direta do pragmatismo (filosófico) estadunidense: em vez de dogmas, experimentação; no caso, experimentação institucional. Por que presumir que a adoção de modelo rígido e válido de uma vez por todas seria a melhor alternativa?

A ideia de um Judiciário experimentalista não é simples. Envolve, por exemplo, a aceitação de que processos judiciais não são abruptamente interrompidos por decisões definitivas, mas que as decisões são provisórias e seus efeitos continuamente monitorados. O monitoramento, por sua vez, pode gerar um *loop* que leva à revisão das medidas tomadas, constituindo processo de aprendizado (*learning*) institucional. E envolve também a atribuição de ônus às partes pelas consequências de suas

Journal of Law and Social Change 28/183-304, n. 2, 2003 (neste mesmo periódico há comentários por vários estudiosos de educação e professores de Direito).

"visões de mundo" – atribuindo metas, por oposição à simples e rígida definição de condutas a serem cumpridas.

Ou seja: a generalidade dos enunciados normativos (tipicamente, *standards*, do tipo "dever de prestar educação igualitária e adequada") é compensada pelo *processo* de definição de metas (o que se dá, sobretudo, por intermédio de *benchmarking*), formas de medição de seu atingimento, monitoramento contínuo e revisão das metas à luz dos resultados obtidos. A norma é vista como um ponto de partida para o planejamento de atividades segundo modelo de aprendizado experimental.[10]

As soluções provisórias encontradas têm, ainda, a peculiaridade de depender da coordenação de diferentes tipos de atores sociais – além dos Poderes e órgãos estatais, como Secretarias, Departamentos, Agências e as próprias instituições afetadas (escolas, presídios, hospitais etc.) e o Legislativo da instância federativa competente, organizações sociais (não estatais), que são encarregadas pelo juiz de agir nos diferentes momentos do processo, seja no auxílio à definição e revisão de metas, seja na condução de seu monitoramento. Ou seja: uma forma de atuação judicial em que o órgão jurisdicional é mais um facilitador do que decisório de última instância (*non-court centric judicial review*).

Examinemos brevemente alguns dos casos tomados como paradigmáticos por Sabel. Por exemplo, no caso de escolas públicas, com fundamento no direito à igualdade, que estava sendo violada pela circunstância de em determinadas localidades (circunscrições administrativas) estarem refletidas diferenças de poder econômico e classe social nos níveis de gasto por aluno de diferentes escolas públicas,[11] tribunais no Texas ordenaram ao Legislativo proceder a reforma ampla do sistema educacional, sob pena de *shut down* ou de intervenção do Judiciário para assumir a administração do sistema (ou de ordem para anexação de alguns Distritos a outros).

Instaurada a interlocução institucional, chegou-se à conclusão provisória de que mesmo a equalização de recursos por aluno não seria necessariamente objetivo meritório, pois em certas circunstâncias poderia simplesmente conduzir à redução dos gastos totais e a nivelamento por

---

10. Pode-se até chegar a afirmar que a proibição de *non liquet* e a consumação da coisa julgada tornam-se elementos menos indispensáveis ao funcionamento do Judiciário nesses casos.

11. Disparidade decorrente de o financiamento de escolas nos Estados Unidos da América refletir o pagamento de tributos nas circunscrições administrativas mais próximas das escolas (*local financing*), isto é, localidades em que a população é mais abastada dispõem de escolas públicas com mais recursos.

baixo (*equalizing down*). Passou-se, então, a discutir uma reforma do sistema educacional tendo por base não a igualdade no financiamento (*input*), mas a adequação do resultado da educação (*output*).

Uma vez reconhecida a dificuldade na definição do que seriam *resultados adequados* (entendida "adequação" em sentido amplo, como aquela necessária para formar indivíduos capazes de levar vida plena e produtiva) e dos meios para chegar a eles, o tribunal passou a utilizar "hipóteses de trabalho", metas provisórias e formas de medir os níveis de desempenho dos alunos. A fonte dessas definições foi em parte a opinião de especialistas pedagógicos, consultados pelo Tribunal, sobre o que constitui uma boa escola, e em parte a seleção de melhores escolas e melhores práticas a serem emuladas.

Em determinado momento, após debates que duraram seis anos, o Tribunal considerou que o plano apresentado pelo Estado era suficiente para iniciar as reformas, e o declarou constitucional. Fez, entretanto, a seguinte ressalva:

> [O]ur judgment in this case should not be interpreted as a signal that the school finance crisis in Texas has ended. (...). Obviously, future legal challenges may be brought if a general diffusion of knowledge can no longer be provided within the equalized system because of changed legal or factual circumstances.

Sabel e seus colaboradores relatam, ainda, que no caso da reforma do sistema educacional em Kentucky o papel assumido pelo Tribunal Estadual no Texas foi conduzido pelo Legislativo Estadual, que passou a coordenar a implantação do plano de reforma elaborado após a declaração de inconstitucionalidade do sistema de educação do Estado. O Legislativo tornou-se uma *activist court*!

Uma das lições que se extraem é a de que o tipo de experimentalismo institucional descrito fornece uma imagem do que seja o tipo de solução adequado para impasses na definição de competências institucionais a partir de critérios legais abertos. Nas palavras dos autores:

> [I]t is not immediately clear which branch or branches of government, if any, should have responsibility for solving emergent problems. Misallocating responsibility compounds the original problem because the appropriate institution is paralyzed, while the inappropriate one uses its authority to make a bad situation worse. Only by implausibly presuming that we should be able, on reflection, to identify the right institutional tools for the job, and yet that we often imprudently select the wrong one, can the controversies of [educational reform] be trans-

formed into a dispute over who the best actor would have been, rather than over which actions would have been best. (...).

Instead of forcing a choice between the deliberative advantages of the judiciary and the democratic legitimacy of the legislature, the Kentucky solution suggests a way of combining both in a democratically renewed assembly protected from everyday play of self-serving interests by virtue of association with the court and constitutional principle.

A estratégia experimentalista (uma alternativa à *estratégia interpretativista*), assim, visa a oferecer uma forma de tratamento tanto da indeterminação dos enunciados normativos quanto da intervenção judicial em competências que não lhe caibam:

[T]he new standards and the associated accountability regime substantially reduce the possibility of judicial caprice by giving substance to the interpretation of rights and remedies that courts cannot derive from doctrine alone. (...). [T]he court's role as constitutional guardian is (...) to collaborate via the continuing definition of standards with an emergent public in giving meaning to constitutional principle.

Esse processo, evidentemente, reproduz em termos práticos, e quase à perfeição, a relação interna entre fins e meios descrita no Capítulo 7, acima, refletindo "a contínua revisão de fins e meios à luz da avaliação comparativa de desempenho".

Assim, a Corte interpreta as demandas sobre direitos sociais não para determinar necessariamente o detalhamento e o cumprimento judicial de princípios substantivos, mas como indução das partes a construir um processo de conduta que os detalhará e os implementará. As características-chave desse processo são a transparência e a responsabilização em relação ao público e participantes interessados (*stakeholders*) e a capacidade de autoavaliação e autocorreção. A comparação com modelos empresariais de organização não é fortuita.

A incerteza assume, nos casos mencionados, papel peculiar: não é apenas fonte inevitável de parte das questões tratadas acima, mas também elemento central de resolução do problema. Pode levar a que nada seja feito ou a autorizar que qualquer coisa possa ser feita pelo juiz. Assim, o papel do Judiciário – no caso, de facilitação e estímulo ao acordo – só tem eficácia pelo seu poder potencial de desestabilizar as organizações institucionais envolvidas. O fato de que as partes não têm clareza sobre qual seria a inclinação do Judiciário as leva, em parte, a considerar alternativas consensuais e inovadoras.

Em resumo: Sabel parte da premissa de que toda interpretação pressupõe e sustenta um propósito, um objetivo, subjacente ao enunciado interpretado. Entretanto, para compensar o espaço de discricionariedade que a imputação de propósitos e objetivos cria, o processo gera um tipo de *accountability*, sob a forma de definições de metas, verificação de resultados, ofertas de explicações e revisão das metas. Nesse sentido, regras explícitas não estão desprovidas de papel, mas seu papel não é mais o de constranger de maneira rígida, e sim tornar explícitos os resultados do processo de aprendizado, permitindo a definição de novos *benchmarks*.

Direitos sociais, por sua vez, passam a ser "direitos a um processo com *accountability*" (não o direito a um resultado, benefício ou satisfação específico), do qual emergem decisões coletivas, multidisciplinares e baseadas em razões provisórias e variáveis. A robustez dos *standards* de decisão não é dada pelo jurista, mas pelo processo flexível e passível de controle em várias frentes. É o Judiciário experimentalista, que enfrenta a incerteza não pela via dos critérios interpretativos ou da estratégia interpretativa cujas deficiências se procurou demonstrar, mas pela via da revisão contínua, por intermédio de sua prática decisória, dos pressupostos institucionais de seu papel. Caberia indagar: que teoria da interpretação jurídica seria compatível com essa atuação do Judiciário?

NOTAS FINAIS

Poderíamos admitir que as propostas examinadas no Capítulo 8 fossem frágeis ou inconsequentes. Entretanto, mais do que sua avaliação em detalhes, a finalidade de sua discussão é apontar como a definição do papel do Judiciário depende da consideração abrangente das opções institucionais disponíveis, existentes ou imagináveis. Em outras palavras: a investigação e o desenvolvimento de tais opções indicam saída possível do impasse a que chegou a análise convencional do papel do Judiciário, limitada a discutir se lhe compete uma "postura ativa" ou "passiva" perante os problemas da sociedade.

A estratégia interpretativista naturaliza as características fundamentais de nossas instituições. Procuramos mostrar, por intermédio de exemplos de inovação institucional, deliberadamente restritos ao contexto jurisdicional, como a crítica a essa naturalização pode assumir contornos concretos.

A possibilidade de explicitação dos pressupostos institucionais de funcionamento do Direito não se restringe, entretanto, ao contexto jurisdicional. Poderiam ser explorados também com relação a outros conceitos e práticas centrais do Direito: a ideia de proteção da igualdade, a ideia de propriedade, a chamada discricionariedade administrativa etc. Em todos esses casos o exercício da explicitação revelaria tensões entre ideais atribuídos ao Direito e meios de os satisfazer, e, ao fazê-lo de maneira repetida e acelerada, permitiria inventar novos ideais. O esforço de inovação institucional é meio e fim para a organização de qualquer sociedade que não se pretenda reprodutora de relações de subjugação.

O termo "instituição" ganhou fôlego recentemente, inclusive nos meios jurídicos. O sentido em que a vimos mais comumente empregada, entretanto, não poderia ser mais distante daquele utilizado neste trabalho. A "instituição", ali, não está para uma estrutura transitória, que possa ser objeto de crítica segundo a relação de interdependência entre meios e fins aqui explorada, mas, ao contrário, deve ser simplesmente implantada ou, quando já existente, respeitada. A tarefa de "implantação" ou "respeito" (direitos de propriedade claros, Judiciário eficiente, respeito a contratos) pressupõe conteúdo dado e específico, que é exatamente o que aqui se questiona como atributo das instituições sociais.

Esta, portanto, a ideia central que gostaríamos de sugerir: a investigação de possibilidades alternativas de configuração institucional – que se encontram, por certo, em zona de indiscernibilidade entre Direito e Política – parece, neste momento, caminho promissor para resolução de impasses com que nos defrontamos no Direito.

A eventual contribuição original deste trabalho resultará, portanto, da verificação de que as hipóteses e questões a serem analisadas no seu curso efetivamente merecem atenção. Estará justificada se: (i) desde um ponto de vista acadêmico e intelectual, ampliar o leque de considerações legítimas e, assim, o campo de trabalho de teóricos do direito; e (ii) desde um ponto de vista prático, contribuir, de maneira inovadora, para a formulação de formas de enfrentamento de problemas sociais por intermédio do Direito.

Quanto mais pormenorizadas as descrições, mais visível a variação de configurações institucionais possíveis e mais interessante o tipo de avaliação que se possa fazer dessas configurações. O estudo detalhado das variações institucionais e das possibilidades de ampliação das opções institucionais disponíveis é, portanto, a tarefa, que este trabalho não chega a executar, mas cuja importância procura, de variadas formas, sustentar.

A crítica ao Direito como forma de preservação do *status quo* não é novidade. A novidade é a percepção de que o mesmo efeito de preservação advém, ainda que de modo subliminar, da restrição das formas de crítica juridicamente admitidas à interpretação do Direito posto, no contexto jurisdicional, sustentadas pela inespecificidade dos enunciados normativos. Ainda que segundo valores humanistas. A essa situação cumpre resistir, sob pena, inclusive, de abdicarmos do uso de mecanismos já existentes no Direito para o exercício da transformação.

BIBLIOGRAFIA

ACCA, Thiago dos Santos. *Análise da Doutrina Brasileira dos Direitos Sociais: Saúde, Educação e Moradia entre os Anos de 1964 e 2005*. Dissertação de Mestrado. São Paulo, FDUSP, 2009.

ACKERMAN, Bruce. "The new separation of Powers". *Harvard Law Review* 113/633-729. 2000.

_____, e ALSTOTT, Anne. *The Stakeholder Society*. New Heaven, Yale University, 1999.

ALEXANDER, Thomas, e HICKMAN, Larry (orgs.). *The Essential Dewey: Ethics, Logic, Psychology*, vol. 2. Bloomington, Indiana University, 1998.

_____. *The Essential Dewey: Pragmatism, Education, Democracy*. vol. 1. Bloomington, Indiana University, 1998.

ALEXY, Robert. "On balancing and subsumption: a structural comparison". *Ratio Juris* 16-4/433-449. Dezembro/2003.

ALSTOTT, Anne, e ACKERMAN, Bruce. *The Stakeholder Society*. New Heaven, Yale University, 1999.

AZEVEDO, Plauto Faraco de. "Do método jurídico: reflexões sobre o normativo kelsiano e a criação judicial do Direito". *Revista da Associação dos Juízes do Rio Grande do Sul* 24/294-301. N. 71. Novembro/1997.

BAKER, George P. "Defeasibility and meaning". In: HACKER, Peter M. S., e RAZ, Joseph (eds.). *Law, Morality, and Society: Essays in Honour of H. L. A. Hart*. Oxford, Clarendon Press, 1977.

BAKER, George P., e HACKER, Peter M. S. *Wittgenstein: Rules, Grammar and Necessity, Volume 2 of an Analytical Commentary on the Philosophical Investigations*. Malden, Blackwell, 1992.

_____. *Wittgenstein: Understanding and Meaning: Volume 1 of an Analytical Commentary on the Philosophical Investigations, Part I: Essays*. 2ª ed. Malden, Blackwell, 2005.

_____. *Wittgenstein: Understanding and Meaning: Volume 1 of an Analytical Commentary on the Philosophical Investigations, Part II: Exegesis*. 2ª ed. Malden, Blackwell, 2005.

BARCELLOS, Ana Paula de. *A Eficácia Jurídica dos Princípios Constitucionais: o Princípio da Dignidade da Pessoa Humana.* Rio de Janeiro, Renovar, 2008.

BARROSO, Luís Roberto. "Da falta de efetividade à judicialização excessiva: direito a saúde, fornecimento gratuito de medicamentos e parâmetros para a atuação judicial". *Interesse Jurídico* 46/31-62. 2007.

_____. "Fundamentos teóricos e filosóficos do novo direito constitucional brasileiro (pós-Modernidade, teoria crítica e pós-positivismo)". *Revista de Direito Administrativo/RDA* 225/5-37. 2001.

_____. "Judicialização, ativismo judicial e legitimidade democrática". Disponível em *http://www.oab.org.br/oabeditora/users/revista/123506667 0174218181901.pdf* (acesso em 5.1.2011).

BEZERRA JR., Benilton, e PLASTINO, Carlos Alberto (orgs.). *Corpo – Afeto – Linguagem.* Rio de Janeiro, Marca d'Água Editora, 2001 (pp. 199-219).

BIX, Brian. "Can theories of meaning and reference solve the problem of legal determinacy?. *Ratio Juris* 16/281/295. N. 3. Setembro/2003.

_____. "Cautions and caveats for the application of Wittgenstein to legal theory". In: CAMPBELL, Joseph K., O'ROURKE, Michael, e SHIER, David (orgs.). *Law and Social Justice: Topics in Contemporary Philosophy.* Cambridge, MIT, 2005 (pp. 217-229).

_____. *Law, Language, and Legal Determinacy.* Clarendon, Oxford University, 1993.

_____ (org.). *Analyzing Law: New Essays in Legal Theory.* Oxford, Clarendon, 1998.

BJØRN, Ramberg. *Donald Davidson's Philosophy of Language: an Introduction.* Malden, Blackwell, 1989.

BLOOR, David. *Wittgenstein, Rules and Institutions.* Londres, Routledge, 2002.

BONGIOVANNI, Giorgio. **Reine Rechtlehre e Dottrina Giuridica dello Stato.** Milão, Giuffrè, 1998.

BRANDOM, Robert B. *Making it Explicit: Reasoning, Representing, and Discursive Commitment.* Cambridge, Harvard University, 1994.

_____. *Reason in Philosophy: Animating Ideas.* Cambridge, Harvard University, 2009.

_____. *Tales of the Mighty Dead: Historical Essays in the Metaphysics of Intentionality.* Cambridge, Harvard University, 2002.

_____ (org.). *Rorty and His Critics.* Oxford, Blackwell, 2000.

BRASIL. *Défict Habitacional no Brasil, 2007.* Brasília, Ministério das Cidades/Secretaria Nacional de Habitação, 2009.

BULYGIN, Eugenio. "Cognition and interpretation of Law". In: GIANFORMAGIO, Letizia, e PAULSON, Stanley (orgs.). *Cognition and Interpretation of Law.* vol. 3. Turim, Giappichelli, 1994 (pp. 12-35).

_____. "Some replies to critics". In: GIANFORMAGIO, Letizia, e PAULSON, Stanley (orgs.). *Cognition and Interpretation of Law.* vol. 3. Turim, Giappichelli, 1994 (pp. 305-313).

BURG, Wibren V. D., e WITTEVEEN, Willen J. (orgs.). *Rediscovering Fuller: Essays on Implicit Law and Institutional Design*. Amsterdã, Amsterdam University Press, 1999.
BURLEY, Justine (org.). *Dworkin and his Critics*. Oxford, Blackwell, 2004.

CAMARGO, Ricardo Antônio Lucas. *Desenvolvimento Econômico e Intervenção do Estado na Ordem Constitucional: Estudos Jurídicos em Homenagem ao Professor Washington Peluso Albino de Souza*. Porto Alegre, Sérgio Antônio Fabris Editor, 1995.
CAMPBELL, Joseph K., O'ROURKE, Michael, e SHIER, David (orgs.). *Law and Social Justice: Topics in Contemporary Philosophy*. Cambridge, MIT, 2005.
CELANO, Bruno. *La Teoria del Diritto di Hans Kelsen: una Introduzione Critica*. Bolonha, Il Mulino, 1999.
COHEN, Felix S. "The ethical basis of legal criticism". *Yale Law Journal* 41/204-220. 1931.
_____. "Transcendental nonsense and the functional approach". *Columbia Law Review* 35/809-817. 1935.
COLEMAN, Jules, e LEITER, Brian. "Determinacy, objectivity, and authority". *University of Pennsylvania Law Review* 142/549-637. N. 2. 1993.
COLEMAN, Jules, HIMMA, Kenneth E., e SHAPIRO, Scott (orgs.). *The Oxford Handbook of Jurisprudence and Philosophy of Law*. Clarendon, Oxford University, 2003.
COLEMAN, Jules (org.). *Hart's Postscriptum: Essays on the Postscript to the Concept of Law*. Oxford, Oxford University, 2001.
COMPARATO, Fábio Konder. "Direitos e deveres fundamentais em matéria de propriedade", *Revista Fundação Escola Superior do Ministério Público do Distrito Federal e Territórios* 10, Ano 5. Brasília, 1993.
_____. "Ensaio sobre o juízo de constitucionalidade de políticas públicas". *RT* 737/11-22. N. 86. São Paulo, Ed. RT, março/1997.
_____. "Função social da propriedade dos bens de produção". *Revista de Direito Mercantil/RDM* 63/71-79. São Paulo, Ed. RT, 1986.
_____. *Muda Brasil! Uma Constituição para o Desenvolvimento Democrático*. São Paulo, Brasiliense, 1986.
_____. "Organização constitucional da função planejadora". In: CAMARGO, Ricardo antônio Lucas. *Desenvolvimento Econômico e Intervenção do Estado na Ordem Constitucional: Estudos Jurídicos em Homenagem ao Professor Washington Peluso Albino de Souza*. Porto Alegre, Sérgio Antônio Fabris Editor, 1995.
_____. "Planejar o desenvolvimento: perspectiva institucional". *Revista de Direito Público/RDP* 21/18-43. N. 88. São Paulo, Ed. RT, outubro-dezembro/1988.
_____. "Um quadro institucional para o desenvolvimento democrático". In: JAGUARIBE, Hélio, e outros. *Brasil, Sociedade Democrática*. Rio de Janeiro, José Olympio Editor, 1985 (pp. 393-432).

COSTA, Jurandir Freire. "A questão do sentido em psicanálise". In: BEZERRA JR., Benilton, e PLASTINO, Carlos Alberto (orgs.). *Corpo – Afeto – Linguagem*. Rio de Janeiro, Marca d'Água Editora, 2001 (pp. 199-219).

_____. "Pragmática e processo analítico: Freud, Wittgenstein, Davidson, Rorty". In: COSTA, Jurandir Freire (org.). *Redescrições da Psicanálise: Ensaios Pragmáticos*. Rio de Janeiro, Relume Dumará, 1994 (pp. 9-58).

_____ (org.). *Redescrições da Psicanálise: Ensaios Pragmáticos*. Rio de Janeiro, Relume Dumará, 1994.

D'AMATO, Anthony. "Aspects of deconstruction: the 'easy case' of the under-aged president". *Northwestern University Law Review* 84/250-256. N. 1. 1989.

_____. "Legal uncertainty". *California Law Review* 71/1-55. N. 1. 1983.

_____. "Pragmatic indeterminacy". *Northwestern University Law Review* 85/148-189. N. 1. 1989.

DAVIDSON, Donald. "A nice derangement of epitaphs". In: *Truth, Language and History*. Oxford, Clarendon, 2005.

_____. *Subjective, Intersubjective, Objective*. Clarendon, Oxford University, 2001.

_____. *Truth and Predication*. Oxford, Clarendon, 2005.

DELEUZE, Gilles. *Empirismo e Subjetividade: Ensaio sobre a Natureza Humana Segundo Hume*. Trad. portuguesa de Luiz B. L. Orlandi (título original: *Empirisme et Subjectivité*). São Paulo, Editora 34, 2001.

_____. "Hume". In: *L'Ile Déserte et Autres Textes: Textes et Entretiens 1953-1974*. Paris, Les Éditions de Minuit, 2002 (pp. 226-237).

DELEUZE, Gilles (org.). "Introduction". In: *Instincts & Institutions*. Evreux, Hachette, 1968 (pp. VIII-XI).

DELEUZE, Gilles, e GUATTARI, Félix. "4. 20 de novembro de 1923 – Postulados da Linguística". In: *Mil Platôs*. vol. II. Rio de Janeiro, Editora 34, 1995.

DEWEY, John. *How We Think (1910)*. Nova York, Kessinger, 2007.

_____. *Human Nature and Conduct* (1922). Nova York, Dover, 2002.

_____. "Logical method and the Law". In: DEWEY, John. *The Middle Works, 1899-1924*. vol. 15. Southern Illinois UP, Carbondale & Edwardsville, 1923-1924 (pp. 65-77).

_____. *The Middle Works, 1899-1924*. vol. 15. Southern Illinois UP, Carbondale & Edwardsville, 1923-1924.

DIAS, Gabriel Nogueira. *Positivismo Jurídico e a Teoria Geral do Direito na Obra de Hans Kelsen*. São Paulo, Ed. RT, 2010.

DORF, Michael. "Legal indeterminacy and institutional design". *New York University Law Review* 78/875-981. N. 3. Julho/2003.

DWORKIN, Ronald. *A Matter of Principle*. Cambridge, Harvard University, 1985.

_____. *Justice for Hedgehogs*. Cambridge, Harvard University Press, 2011.

_____. *Justice in Robes*. Cambridge, Harvard University Press, 2006.
_____. "Law". In: DWORKIN, Ronald. *Justice for Hedgehogs*. Cambridge, Harvard University Press 2011 (pp. 400-415).
_____. *Law's Empire*. Cambridge, Harvard University Press, 1986.
_____. "Objectivity and truth: you'd better believe it". *Philosophy & Public Affairs* 25/87-139. N. 2, Spring/1996.
_____. "Part one: Independence". In: *Justice for Hedgehogs*. Cambridge, Harvard University Press, 2011 (pp. 23-96).
_____. *Taking Rights Seriously*. Cambridge, Harvard University Pres, 1977.

ENDICOTT, Timothy. *Vagueness in Law*. Clarendon, Oxford University, 2000.
ESPÍNOLA, Eduardo, e ESPÍNOLA FILHO, Eduardo. *A Lei de Introdução ao Código Civil Brasileiro (Decreto-lei 4.657, de 4.9.1942, com as Alterações da Lei 3.238, de 1.8.1957, e Leis Posteriores): Comentada na Ordem de seus Artigos* (1943). 3ª ed. Rio de Janeiro, Renovar, 1999.

FARIA, José Eduardo Campos de Oliveira. *A Sociologia Jurídica: Direito e Conjuntura* (Série GV-*Law*). São Paulo, Saraiva, 2009.
_____. *Direito e Economia na Democratização Brasileira*. São Paulo, Malheiros Editores, 1993.
_____. *Justiça e Conflito: os Juízes em Face dos Novos Movimentos Sociais*. 2ª ed. São Paulo, Ed. RT, 1992.
_____. *O Direito na Economia Globalizada*. 1ª ed., 4ª tir. São Paulo, Malheiros Editores, 2007.
_____ (org.). *Direitos Humanos, Direitos Sociais e Justiça*. 1ª ed., 5ª tir. São Paulo, Malheiros Editores, 2010.
FERRAZ JR., Tércio Sampaio. *Direito, Retórica e Comunicação*, São Paulo, Saraiva, 1973.
_____. *Introdução ao Estudo do Direito: Técnica, Decisão, Dominação*. 4ª ed. São Paulo, Atlas, 2003.
_____. *Teoria da Norma Jurídica: Ensaio de Pragmática da Comunicação Normativa*. 4ª ed. Rio de Janeiro, Forense, 2000.
FISCHER III, William, HORWITZ, Morton, e REED, Thomas (orgs.). *American Legal Realism*. Oxford, Blackwell, 1993.
FISS, Owen. "The forms of justice". *Harvard Law Review* 93. 1979.
_____. "Objectivity and interpretation". *Stanford Law Review* 34. 1982.
_____. *Um Novo Processo Civil: Estudos Norte-Americanos sobre Jurisdição, Constituição e Sociedade*. São Paulo, Ed. RT, 2004.
FLEW, Antony (org.). *Logic and Language*. Oxford, Blackwell, 1951.
FOUCAULT, Michel. "La vérité et les formes Juridiques". *Dits et Écrits I. 1954-1975*. N. 138. Coleção Quarto, Gallimard, 2001.
_____. "Qu'est-ce que les Lumières". *Dits et Écrits II*. N. 339. Coleção Quarto, Gallimard, 1984.

FRANK, Jerome. "What courts do in fact". *Illinois Law Review* 25/645-656. 1932.

FULLER, Lon L. "American Legal Philosophy at Mid-Century – A Review of Edwin W. Patterson's Jurisprudence, Men and Ideas of the Law", *Journal of Legal Education*, vol. 6. N. 4. 1954, pp. 457-485.

FULLER, Lon L. "A suggested analysis". *Harvard Law Review* 68/1.305-1.325. N. 8. 1955.

_____. "American legal realism". *University of Pennsylvania Law Review* 82/429-462. N. 5. 1934.

_____. *Anatomy of the Law*. Nova York, Encyclopaedia Britannica, 1968.

_____. "Consideration and form". *Columbia Law Review* 41/799-824. 1941.

_____. "Frank C. Newman to Fuller [Letter], 19th October 1959". *The Papers of Lon Fuller*. Harvard Law School Library, s/n.

_____. "Freedom as a problem of allocating choice". *Proceedings of the American Philosophical Society* 112/101-106. N. 2. 1968.

_____. "Fuller to Frank C. Newman [Letter], 22th October 1959". *The Papers of Lon Fuller*. Harvard Law School Library, s/n.

_____. "Human interaction and the Law". *American Journal of Jurisprudence* 14/1-36. 1969.

_____. "Irrigation and tyranny". *Stanford Law Review* 17/1.021-1.042. 1965.

_____. "Jurisprudence – Supplementary readings – Chapter VI – 1954-1955 – Principles of eunomics". *The Papers of Lon L. Fuller*. Harvard Law School Library, Box 10, Folder 12.

_____. "Positivism and fidelity to Law – A reply to professor Hart". *Harvard Law Review* 71/630-672. N. 4. 1957-1958.

_____. "The case of the spelucean explorers" (1949). *Harvard Law Review* 62/616-645. N. 4.

_____. "The forms and limits of adjudication". *Harvard Law Review* 92/353-409. 1978.

_____. *The Law in Quest of Itself*. Chicago, The Foundation, 1940.

_____. "The lawyer as architect of social structures". In: WINSTON, Kenneth (org.). *The Principles of Social Order*. Oxford, Hart Publishing, 2001.

_____. *The Morality of Law*. New Haven, Yale University, 1969.

_____. "The needs of American Legal Philosophy". In: WINSTON, Kenneth (org.). *The Principles of Social Order*. Oxford, Hart Publishing, 2001.

_____. *The Problems of Jurisprudence*. Brooklyn, The Foundation, 1949.

_____. "The role of contract in the ordering processes of society generally". In: WINSTON, Kenneth (org.). *The Principles of Social Order: Selected Essays of Lon L. Fuller*. 2ª ed. Oxford, Hart Publishing, 2001.

_____, e PERDUE, JR., William R. "The reliance interest in contract damages". *Yale Law Journal* 46/52-96. 1936-1937.

GIANFORMAGGIO, Letizia. "La conception volontariste du Droit du dernier Kelsen". *Revue Française de Théorie, de Philosophie et de Culture Juridiques* 28/99-112. 1998.

_____. "Pure theory of Law and tacit alternative clause: a paradox?". In: GIANFORMAGIO, Letizia, e PAULSON, Stanley (orgs.). *Cognition and Interpretation of Law*. vol. 3. Turim, Giappichelli, 1994 (pp. 257- 273).

_____, e PAULSON, Stanley (orgs.). *Cognition and Interpretation of Law*. vol. 3. Turim, Giappichelli, 1994.

GONÇALVES, Guilherme Leite. *Certezza e Incertezza: Pressuposti Operativi del Diritto Contingente*. Tese de Doutoramento. Itália, Università degli Studi di Lecce, 2008.

GUATTARI, Félix, e DELEUZE, Gilles. "4. 20 de novembro de 1923 – Postulados da Linguística". In: *Mil Platôs*. vol. II. Rio de Janeiro, Editora 34, 1995.

HACKER, Peter M. S., e BAKER, George P. *Wittgenstein: Rules, Grammar and Necessity, Volume 2 of an Analytical Commentary on the Philosophical Investigations*. Malden, Blackwell, 1992.

_____. *Wittgenstein: Understanding and Meaning: Volume 1 of an Analytical Commentary on the Philosophical Investigations, Part I: Essays*. 2ª ed. Malden, Blackwell, 2005.

_____. *Wittgenstein: Understanding and Meaning: Volume 1 of an Analytical Commentary on the Philosophical Investigations, Part II: Exegesis*. 2ª ed. Malden, Blackwell, 2005.

HACKER, Peter M. S., e RAZ, Joseph (eds.). *Law, Morality, and Society: Essays in Honour of H. L. A. Hart*. Oxford, Clarendon Press, 1977.

HART, Herbert L. A. "American jurisprudence through English eyes: the nightmare and the noble dream" (1977). In: *Essays in Jurisprudence and Philosophy*. Clarendon, Oxford University, 1983 (pp. 123-144); *Georgia Law Review* 11/969.

_____. "Definition and theory in jurisprudence" (1953). 29 *Proceedings of Aristotelian Society* 213 (1955). In: *Essays in Jurisprudence and Philosophy*. Clarendon, Oxford University, 1983 (pp. 21-48).

_____. "Introduction". In: *Essays in Jurisprudence and Philosophy*. Clarendon, Oxford University, 1983 (pp. 1-18).

_____. "Lon L. Fuller: the morality of Law" (1965). In: *Essays in Jurisprudence and Philosophy*. Clarendon, Oxford University, 1983 (pp. 343-364).

_____. "Positivism and the separation of Law and Morals" (1958). *Harvard Law Review* 71/593. In: *Essays in Jurisprudence and Philosophy*. Clarendon, Oxford University, 1983 (pp. 49-87).

_____. "Problems of the Philosophy of Law". (1967). In: *Essays in Jurisprudence and Philosophy*. Clarendon, Oxford University, 1983 (pp. 88-119).

_____. *The Concept of Law*. 2ª ed. Oxford, Oxford University, 1994.

HART JR., Henry M., e SACKS, Albert M. *The Legal Process: Basic Problems in the Making and Application of Law*. Nova York, Foundation Pres, 1994.

HICKMAN, Larry, e ALEXANDER, Thomas (orgs.). *The Essential Dewey: Ethics, Logic, Psychology*. vol. 2. Bloomington, Indiana University, 1998.

_____. *The Essential Dewey: Pragmatism, Education, Democracy*. vol. 1. Bloomington, Indiana University, 1998.
HOLMES JR., Oliver Wendell. "The path of the Law". *Harvard Law Review* 10. 1897.
HORWITZ, Morton. *The Transformation of American Law: 1870-1960*, Clarendon, Oxford University, 1992.
_____. FISCHER III, William, e REED, Thomas (orgs.). *American Legal Realism*. Oxford, Blackwell, 1993.

JAGUARIBE, Hélio, e outros. *Brasil, Sociedade Democrática*. Rio de Janeiro, José Olympio Editor, 1985.
JUNQUEIRA DE AZEVEDO, Antônio. "A caracterização jurídica da dignidade humana". In: *Ensaios e Pareceres de Direito Privado*. São Paulo, Saraiva, 2004.

KELSEN, Hans. "Preface". In: *The Law of the United Nations*. Londres, Praeger, 1951.
_____. "Sulla teoria dell'interpretazione". Trad. italiana de Carmelo Geraci (do original *Zur Theorie der Interpretation*, 1934). In: *Il Primato del Parlamento*. Milão, Giuffrè, 1982.
_____. *Teoria Geral das Normas*. Trad. portuguesa de José Florentino Duarte (do original *Allgemeine Theorie der Normen*, 1979). Porto Alegre, Sérgio Antônio Fabris Editor, 1986.
_____. *Teoria Geral do Direito e do Estado*. Trad. portuguesa de Luís Carlos Borges (do original *General Theory of Law and State*, 1945). 4ª ed. São Paulo, Martins Fontes, 2000.
_____. *Teoria Pura do Direito*. Trad. portuguesa de João Baptista Machado (do original *Reine Rechtslehre*, 2ª ed., 1960). 6ª ed. Coimbra, Arménio Amado Editor, 1984.
KENNEDY, Duncan. *A Critique of Adjudication*. Cambridge, Harvard University, 1997.
_____. "Form & substance in private law adjudication". *Harvard Law Review* 89/1.685-1.778. N. 8. 1976.
_____. "Freedom & constraint in adjudication: a critical phenomenology". *Journal of Legal Education* 36/518-562. N. 4. 1986.
_____. *Legal Reasoning, Collected Essays*. Aurora, The Davies Book, 2008.
_____, e MICHELMAN, Franck. "Are property and contract efficient?". *Hofstra Law Review* 8/711-770. N. 3, 1980.
KRAWIETZ, Werner, e outros (eds.). *The Reasonable as Rational? On Legal Argumentation and Justification*, **Festschrift** *for Aulis Aarnio*. Berlim, Duncker & Humblot, 2000.
KRESS, Kenneth J. "Legal indeterminacy". *California Law Review* 77/283-337. 1989.

LACEY, Nicola. *Out of the "Witches' Cauldron'?: Reinterpreting the Context and Re-Assessing the Significance of the Hart-Fuller Debate*. Londres, 2008 (disponível em *http://eprints.lse.ac.uk/23812/1/WPS2008-18_Lacey.pdf*, acesso em 7.1.2011).

LEITER, Brian. "Law and objectivity". In: COLEMAN, Jules, HIMMA, Kenneth E., e SHAPIRO, Scott (orgs.). *The Oxford Handbook of Jurisprudence and Philosophy of Law*. Clarendon, Oxford University, 2003 (pp. 969-989).

_____. "Legal indeterminacy". *Legal Theory* 1/481-492. N. 4. 1995.

_____, e COLEMAN, Jules. "Determinacy, objectivity, and authority". *University of Pennsylvania Law Review* 142/549-637. N. 2. 1993.

LIEBMAN, James, e SABEL, Charles Frederik. "Changing schools – A public laboratory Dewey barely imagined: the emerging model of school governance and legal reform". *NYU Journal of Law and Social Change* 28/183-304. N. 2. 2003.

LIMA, Francisco Meton Marques de. "Interpretação em Kelsen". *Revista do TRT-22ª Região* 3/13-29. N. 1. 2000-2002.

LLEWELLYN, Karl. "Some realism about realism". *Harvard Law Review* 1931 (pp. 1.222-1.259).

LOPES, José Reinaldo de Lima. "Direito subjetivo e direitos sociais: o dilema do Judiciário no Estado Social de Direito". In: FARIA, José Eduardo (org.). *Direitos Humanos, Direitos Sociais e Justiça*. 1ª ed., 5ª tir. São Paulo, Malheiros Editores, 2010 (pp. 113-143).

_____. *Direitos Sociais – Teoria e Prática*. São Paulo, Método, 2006.

_____. "Em torno da "reserva do possível". In: SARLET, Ingo Wlofgang, e TIMM, Luciano (orgs.). *Direitos Fundamentais: Orçamento e "Reserva do Possível"*. Porto Alegre, Livraria do Advogado, 2008 (pp. 173-193).

_____. "Juízo jurídico e a falsa solução dos princípios e regras". *Revista de Informação Legislativa* 40/49-64. N. 160. 2003.

LUHMANN, Niklas. *Law as a Social System*. Oxford, Oxford University Press, 2004 e 2009.

MAcCORMICK, Neil. *H. L. A. Hart*. California, Stanford University, 1981.

MALPAS, Jeff. *Donald Davidson and the Mirror of Meaning*. Cambridge, Cambridge University Press, 1992.

MANERO, Juan Ruiz. "On the tacit alternative clause". In: GIANFORMAGIO, Letizia, e PAULSON, Stanley (orgs.). *Cognition and Interpretation of Law*. vol. 3. Turim, Giappichelli, 1994 (pp. 245-255).

MICHELMAN, Franck, e KENNEDY, Duncan. "Are Property and Contract Efficient?". *Hofstra Law Review* 8/711-770. N. 3. 1980.

NEGREIROS, Teresa. *Teoria do Contrato – Novos Paradigmas*. Rio de Janeiro, Renovar, 2006.

NOONAN, Katheen, SABEL, Charles Frederick, e SIMON, William. *The Rule of Law in the Experimentalist Welfare State: Lessons from Child Welfare Reform.* Disponível em *www.law.columbia.edu/sabel* (acesso em 29.1.2011).

O'ROURKE, Michael, CAMPBELL, Joseph K., e SHIER, David (orgs.). *Law and Social Justice: Topics in Contemporary Philosophy.* Cambridge, MIT, 2005.

PAULSON, Stanley L. "Four phases in Hans Kelsen's legal theory? Reflections on a periodization". *Oxford Journal of Legal Studies* 18/153-166. 1998.

_____. "Kelsen on legal interpretation". *Legal Studies* 10/136-152. Londres, LexisNexis Butterworths, 1990.

_____. "La distinción entre hecho y valor: la doctrina de los dos mundos y el sentido inmanente. Hans Kelsen como neokantiano". *Revista Doxa* 26/547-582. 2003.

_____. "On Hans Kelsen's role in the formation of the Austrian Constitution and his defense of constitutional review". In: KRAWIETZ, Werner, e outros (eds.). *The Reasonable as Rational? On Legal Argumentation and Justification, Festschrift for Aulis Aarnio.* Berlim, Duncker & Humblot, 2000 (pp. 385-395).

_____. "The weak reading of authority in Hans Kelsen's *Pure Theory of Law*". *Law and Philosophy* 19/131-171. Dordrecht, Springer Netherlands, 2000.

_____, e GIANFORMAGIO, Letizia (orgs.). *Cognition and Interpretation of Law.* vol. 3. Turim, Giappichelli, 1994.

PERDUE, JR., William R., e FULLER, Lon L. "The reliance interest in contract damages". *Yale Law Journal* 46/52-96. 1936-1937.

PETTERSON, Dennis (org.). *Companion to Philosophy of Law and Legal Theory.* Malden, Blackwell, 2005.

PITKIN, Hanna F. *Wittgenstein and Justice.* Berkeley, University of California, 1993.

PLASTINO, Carlos Alberto, e BEZERRA JR., Benilton (orgs.). *Corpo – Afeto – Linguagem.* Rio de Janeiro, Marca d'Água Editora, 2001 (pp. 199-219).

POLANYI, Michael. *The Logic of Liberty.* University of Chicago Press, 1951.

RAWLS, John. *A Theory of Justice.* Oxford, Oxford University, 1980.

RAZ, Joseph, e HACKER, Peter M. S. (eds.). *Law, Morality, and Society: Essays in Honour of H. L. A. Hart.* Oxford, Clarendon Press, 1977.

REED, Thomas, FISCHER III, William, e HORWITZ, Morton (orgs.). *American Legal Realism.* Oxford, Blackwell, 1993.

RIBEIRO, Maurício Moura Portugal. "A distinção entre cognição e interpretação na teoria da interpretação kelseniana". *Revista Trimestral de Direito Público/RTDP* 26/208-216. São Paulo, Malheiros Editores, 1999.

RORTY, Richard. *Contingency, Irony, and Solidarity.* Cambridge, Cambridge University, 1989.

_____. "Objectivity, relativism, and truth". *Philosophical Papers*. vol. 1. Cambridge, Cambridge University Press, 1991.

_____. *Philosophy and Social Hope*. Londres, Penguin, 2000.

_____. *Philosophy and the Mirror of Nature*. Princeton, Princeton University, 1979.

_____. "Philosophy as cultural politics". *Philosophical Papers*. vol. 4. Cambridge, Cambridge University, 2007.

_____. "Truth and progress". *Philosophical Papers*. vol. 3. Cambridge, Cambridge University, 1998.

ROSELLI, Federico. "L'attivita giurisdizionale nella teoria di Kelsen". *Rivista di Diritto Civile* 37/153-175. N. 2. Março-abril/1991.

RUNDLE, Kristen A. *"Forms liberate": Reclaiming the Legal Philosophy of Lon L. Fuller*. PhD Thesis, University of Toronto, 2009. Disponível em *https://tspace.library.utoronto.ca/bitstream/1807/19224/6/Rundle_Kristen_A_200911_SJD_thesis.pdf* (acesso em 26.1.2011).

SAATKAMP JR., Herman J. (org.). *Rorty and Pragmatism: the Philosopher Responds to his Critics*. Nashville, Vanderbilt University, 1995.

SABEL, Charles Frederik, e LIEBMAN, James. "Changing schools – A public laboratory Dewey barely imagined: the emerging model of school governance and legal reform". *NYU Journal of Law and Social Change* 28/183-304. N. 2. 2003.

SABEL, Charles Frederick, e SIMON, William. "Destabilization rights: how public law litigation succeeds". *Harvard Law Review* 117/1.015-1.101. N. 4.

SABEL, Charles Frederick, NOONAN, Katheen, e SIMON, William. *The Rule of Law in the Experimentalist Welfare State: Lessons from Child Welfare Reform*. Disponível em *www.law.columbia.edu/sabel* (acesso em 29.1.2011).

SACKS, Albert M. "Lon Luvois Fuller". *Harvard Law Review* 92/349 e ss. N. 2. 1978.

_____, e HART JR., Henry M. *The Legal Process: Basic Problems in the Making and Application of Law*. Nova York, Foundation Pres, 1994.

SARLET, Ingo Wolfgang. "Direitos fundamentais sociais, 'mínimo existencial' e direito privado: breves notas sobre alguns aspectos da possível eficácia dos direitos sociais nas relações entre particulares". In: SARMENTO, Daniel (org.). *Direitos Fundamentais: Estudos em Homenagem ao Professor Ricardo Lobo Torres*. Rio de Janeiro, Renovar, 2006 (pp. 551-602).

SARLET, Ingo Wolfgang, e FIGUEIREDO, Mariana Filchtiner. "Reserva do possível, mínimo existencial e direito à saúde: algumas aproximações". In: SARLET, Ingo Wolfgang, e TIMM, Luciano (orgs.). *Direitos Fundamentais: Orçamento e "Reserva do Possível"*. Porto Alegre, Livraria do Advogado, 2008 (pp. 11-53).

SARLET, Ingo Wolfgang, e TIMM, Luciano (orgs.). *Direitos Fundamentais: Orçamento e "Reserva do Possível"*. Porto Alegre, Livraria do Advogado, 2008.

SARMENTO, Daniel (org.). *Direitos Fundamentais: Estudos em Homenagem ao Professor Ricardo Lobo Torres*. Rio de Janeiro, Renovar, 2006.

SCHAUER, Frederick. "A critical guide to vehicles in the park". *New York University Law Review* 83/1.109-1.134. N. 6. 2008.

_____. "A life of H. L. A. Hart: the nightmare and the noble dream". *Harvard Law Review* 119/852-883. N. 3. 2006.

_____. "Easy cases". *Southern California Law Review* 58/399-440. 1985.

_____. "Formalism". *Yale Law Journal* 97/509-548. N. 4. 1988.

_____. "(Re)Taking Hart". *Harvard Law Review* 119/852-883. N. 3. 2006.

_____. *Thinking like a Lawyer: a New Introduction to Legal Reasoning*. Cambridge, Harvard University, 2009.

SCHUARTZ, Luís F. "A práxis recalcada na teoria da norma de Hans Kelsen". In: SCHUARTZ, Luís F. *Norma, Contingência e Racionalidade. Estudos Preparatórios para uma Teoria da Decisão Jurídica*. Rio de Janeiro, Renovar, 2005.

_____. *Norma, Contingência e Racionalidade. Estudos Preparatórios para uma Teoria da Decisão Jurídica*. Rio de Janeiro, Renovar, 2005.

_____. "Universalização dos fins e particularização dos meios". *Revista Direito GV* 5/359-376. N. 2. São Paulo, julho-dezembro/2009.

SHIER, David, CAMPBELL, Joseph K., e O'ROURKE, Michael (orgs.). *Law and Social Justice: Topics in Contemporary Philosophy*. Cambridge, MIT, 2005.

SILVA, Artur Stamford da. "Construção judicial do Direito. Desde Kelsen e Hart. Ainda somos os mesmos... e vivemos". *Revista de Informação Legislativa* 42/205-218. N. 165. Janeiro-março/2005.

SILVA, Luís Virgílio Afonso da. *Direitos Fundamentais: Conteúdo Essencial, Restrições e Eficácia*. 2ª ed., 3ª tir. São Paulo, Malheiros Editores, 2014.

SIMON, William, e SABEL, Charles Frederick. "Destabilization rights: how public law litigation succeeds". *Harvard Law Review* 117/1.015-1.101. N. 4.

SIMON, William, NOONAN, Katheen, e SABEL, Charles Frederick. *The Rule of Law in the Experimentalist Welfare State: Lessons from Child Welfare Reform*. Disponível em *www.law.columbia.edu/sabel* (acesso em 29.1.2011).

SINGER, Joseph W. "Legal realism now". *California Law Review* 76/465-544. Berkeley, 1988.

SOLUM, Lawrence B. "Legal indeterminacy". In: PETTERSON, Dennis (org.). *Companion to Philosophy of Law and Legal Theory*. Malden, Blackwell, 2005.

_____. "On the indeterminacy crisis: critiquing critical dogma". *University of Chicago Law Review* 54/462-503. N. 2. 1987.

STAVROPOULOS, Nicos. "Hart's semantics". In: COLEMAN, Jules (org.). *Hart's Postscript: Essays on the Postscript to the Concept of Law*. Oxford, Oxford University, 2001.

_____. *Interpretivist Theories of Law*. Stanford Encyclopedia of Philosophy, 2003. Disponível em *http://plato.stanford.edu/entries/law-interpretivist* (acesso em 28.1.2011).

_____. *Objectivity in Law*. Oxford, Clarendon, 2006.

_____. *Why Principles?*. Oxford Legal Studies Research Paper 28. 2007. Disponível em *http://papers.ssrn.com/sol3/papers.cfm?abstract_id=1023758* (acesso em 28.1.2011).

SUMMERS, Robert S. *Lon L. Fuller*. Stanford, Stanford University, 1984.

SUPREMO TRIBUNAL FEDERAL. *Crime de Racismo e Antissemitismo: Habeas Corpus n. 82.424-RS*. Brasília, 2004.

TELLES JR., Goffredo. *Tratado da Consequência*. São Paulo, Juarez de Oliveira Editor, 2003.

The Bridge Project. Disponível em *http://cyber.law.harvard.edu/bridge* (acesso em 28.1.2011).

TOJAL, Sebastião Botto de Barros. *Contribuição à Revisão Epistemológica da Teoria Geral do Estado: Elementos de uma Nova Ciência Social*. Tese de Doutoramento. São Paulo, FDUSP, 1994.

TORRES, Ricardo Lobo. *O Direito ao Mínimo Existencial*. Rio de Janeiro, Renovar, 2009.

TUSHNET, Mark. "Defending the indeterminacy thesis". In: BIX, Brian (org.). *Analyzing Law: New Essays in Legal Theory*. Oxford, Clarendon, 1998 (pp. 339-356).

_____. "Following the rules laid down: a critique of interpretivism and neutral principles". *Harvard Law Review* 96/781-827. N. 4. 1983.

_____. "Social welfare rights and the forms of judicial review". *Texas Law Review* 82/1.895-1.919. N. 7. 2004.

UNGER, Roberto Mangabeira. *False Necessity: Anti-Necessitarian Social Theory in the Service of Radical Democracy*. Nova York, Cambridge University, 1987.

_____. *Knowledge and Politics*. Boston, Harvard University Press, 1976.

_____. *Law in Modern Society*. Free Press, 1976.

_____. *Social Theory: its Situation and its Task*. Nova York, Cambridge University, 1987.

_____. *The Critical Legal Studies Movement*. Cambridge, Harvard University, 1986.

_____. *The Self Awakened: Pragmatism Unbound*. Londres, Verso, 2008.

_____. *What Should Legal Analysis Become?*. Londres, Verso, 1996.

WAISMANN, Friedrich. "On verifiability". In: *Proceedings of Aristotelian Society*. vol. XIX, 1945 (reimpresso in FLEW, Antony (org.). *Logic and Language*. Oxford, Blackwell, 1951).

_____. *Principles of Linguistic Philosophy*. 2ª ed. Basingstoke, MacMillan, 1997.

WALDRON, Jeremy. "Positivism and legality: Hart's equivocal response to Fuller". *New York University Law Review* 83/1.135-1.169. N. 4. 2008.

WANDERER, Jeremy. *Robert Brandom*. Montreal, McGill-Queens University, 2008.

WATZLAWICK, Paul, e outros. *The Pragmatics of Human Communication*. Nova York, WW Norton & Co., 2004.

WEBER, Max. *Economy and Society* (1922). vol. II. Berkeley, University of California, 1994.

WINSTON, Kenneth I. "Is/ought redux: the pragmatist context of Lon Fuller's conception of Law". *Oxford Journal of Legal Studies* 8/329-349. N. 3. 1988.

_____. "Lon L. Fuller". *Ethics* 95/751-755. N. 3. 1985.

_____. "Introduction to the revised edition", in WINSTON, Kenneth I. (ed.). *The Principles of Social Order: Selected Essays of Lon L. Fuller*. 2ª ed. Oxford, Hart Publishing, 2001.

WITTEVEEN, Willen J., e BURG, Wibren V. D. (orgs.). *Rediscovering Fuller: Essays on Implicit Law and Institutional Design*. Amsterdã, Amsterdam University Press, 1999.

WITTGENSTEIN, Ludwig. *On Certainty, the Blue and Brown Books*. Nova York, Harper Torchbooks, 1965.

_____. *Philosophical Investigations*. Trad. inglesa de Gertrude E. M. Anscombe, revista por P. M. S. Hacker e Joaquim Schulte (do original *Philosophische Untersuchungen*). 4ª ed. Malden, Blackwell, 2009.

* * *

00117

GRÁFICA PAYM
Tel. [11] 4392-3344
paym@graficapaym.com.br